人生哪能多如意
萬事只求半稱心

序言

我們能夠以人的身分到人世間走一回，應該說是一個不小的福份。

生命是一個很奇妙的現象，在芸芸眾生中，你一定是一個很特別的你，一個與眾不同的你，一個絕對不會雷同的你，你是這個世界裡唯一獨特的產品。從這一點上來說，你沒有理由不珍惜這一次失去就不再來的旅行。

有人會說「上天太偏心」，為什麼給別人那麼多的幸福，而給我卻是這麼多的苦難？我想，幸福是相對的，你付出多大的苦難，就會獲得多大的快樂和幸福。

有時苦難來得太早，幸福來得太遲。不同的人對幸福和痛苦的感覺是不同的，甲的幸福對於乙來說可能就是痛苦，甚至是災難，而甲的痛苦對於乙來說可能就是天大的幸福。體驗幸福和痛苦也是有差別的，不同文化的層次就有著不同的認識，人的背景不同，其認識也就各有不同，關鍵在於怎樣的心態。

其實，平常心是一種感覺。擁有太多未必就一定幸福，當得不到某種東西的時候，你會感到痛苦，當得到的時候，你會感到高興。因為，每個人都有自己的追求，都有自己的理想，這些東西是需要我們透過自己的努力去獲得。但是，有的時候，並不是每一個願望都能實現。誰都希望自己的世界無比輝煌，假如生活欺騙了你，我們不要太多的傷感，因為生活需要陽光。生活難免有失意的時候，這就需要我們去調節。

人的心情多種多樣，千變萬化。在失望的日子裡要振作，只要不斷種植希望，終將會有新的美好來臨。要想有一個美好的心情、平和的心態，就需要自己不斷地去努力，不斷地去創造。

不論怎麼說，來到這個世界走一遭，並且是以人的身分出現也算是造化不淺了，人活著最重要的是體驗和感受人生，只要你能以苦為樂，以平常心處世，那麼即使你身處絕境，你也是快樂的，也是幸福的。

人生哪能多如意 萬事只求半稱心

contents

01 尊重一切有情的生命

只有心是清淨的、平等的、恭敬的、沒有成見的，世間萬物才能實現真正的平等。而真正的平等是立足點的平等，而非齊頭式的平等。

人類是一切生物中的高級生靈，人類愛惜自己的生命怕受到別人的傷害，就必須尊重一切有情的生命。

一位年輕人在沙灘上散步，他看見有位老人正在拾起一些小魚拋回海裡。年輕人看不明白，就趕了上去，問老人為什麼要這麼做。

老人說：「擱淺的小魚如果留在岸上，太陽一出來就會曬死。」

年輕人聽了，不以為然地反駁道：「可是海灘一望無際，這種小魚也有好幾萬條，你的努力能產生什麼影響呢？」

老人瞧了瞧手裡的小魚，然後把牠拋回海裡，快樂地說：「也許對大海沒有影響，可是，對這一條小魚卻有影響啊。」

這位老人那麼善良，年輕人立刻就明白了他的所作所為，老人是在用包容之心滋養生靈，用慈悲之心滋養自己的生命。不起眼的生命都會得到重視，這恐怕就是平等之心的真實顯現吧。我們再來看一個事例，體會一下喪失平等之心的後果是多麼嚴重。

悟達禪師在做雲水僧的時候，有一天途經京師，看到一位西域異僧身患惡疾，無人理睬，於是就為他擦洗敷藥，悉心照料。

病僧痊癒後對悟達禪師說：「將來如果有什麼災難，你可以到西蜀彭州九隴山間兩顆松樹下面找我。」

多年後，悟達禪師的法緣日盛，唐懿宗非常景仰其德風，特封悟達禪師為國師，並欽賜檀香法座。這時，悟達禪師自覺尊榮，高於他人，漸漸起了傲慢之心。一日，悟達禪師膝上突然長了一個人面瘡，眉目口齒皆與常人無異。

悟達禪師遍覽群醫，都無法醫治。束手無策之時，忽然想起昔日西域異僧的話，於是他就來到九隴山，找到西域異僧並表明來意。西域異僧胸有成竹地指著松旁的溪水說：「不用擔心，用這清泉可以除去你的病苦。」

悟達禪師正要用水洗滌瘡口，人面瘡竟然開口說道：「慢著！你知道為什麼你的膝上會長這個瘡嗎？西漢袁盎殺晁錯的事情你知道吧？你就是袁盎轉世，而我就是當年被你屈斬的晁錯。十世以來，輪迴流轉，我一直在找機會報仇，可是你卻十世為僧，清淨戒行，一直苦無機會下手。直到最近你集朝野禮敬於一身，起了傲慢之心，有失道行，我才能附在你身上。今日蒙迦諾迦尊者慈悲，以三昧法水洗我累世罪業，今後不再與你冤冤相報。」

悟達禪師聽後，不覺汗如雨下，連忙俯身捧水洗滌，突然一陣劇痛，昏了過去。當他醒來的時候，膝上的人面瘡已經消失不見，眼前也沒有什麼西域異僧。

故事裡講得很明白，十世輪迴，悟達禪師一直為僧，清淨戒行，毒瘡便無下手機會；而一旦心生傲慢，忘記戒律，病苦便會伺機而動。可見，人與人之間本沒有高低貴賤之分，無論我們擔任什麼職務，從事什麼工作，取得何種成就，都是社會的分工，都不應該為此去傲視別人。

不過，理上雖然「生而平等」，事實上卻是「因果差異」。從本性上說，雖然人人皆得成佛，但因個人的福德因緣不一，就有聖凡之分。假如，兒女與父母要求平等，要求與父母平起平坐，這就是不懂倫理，因為平等也要「長幼有序」；假如屬下與長官要求平等，要求同等待遇，這就是不懂規矩，因為平等也要「尊卑有別」。

《法華經》裡有位常不輕菩薩，見了狗都會磕頭，並且對狗說：「你也有佛性，將來也會成佛。」這看起來似乎有些可笑，我們固然也不必如此做。所以，我們不妨這麼理解：真正的平等是立足點的平等，而非齊頭式的平等。就好像是一場賽跑比賽，每個人的起跑點都一樣，但是槍聲一響，大家奮勇向前，個人的速度快慢不一，需憑本事爭取第一，不能要求大家同時抵達終點。

那麼，佛陀所持的平等之心在日常生活中該如何表現呢？我們應該如何左右自己的行為才能保持一顆平等之心呢？佛教認為，世間的所有生命皆有佛性，所以應該平等互愛。

平等所對應的，就是尊重的普及和無差別化。也就是說，平等就是要打破階級差別的門檻，對每一個人都要尊重，讓每一個人都有尊嚴。這種尊重是不需要附加財富、權勢這些條件的。

安撫那些因物質條件缺乏而受傷害的心靈，平緩那些由各種刺激而產生的敏感而激烈的情緒，人們才會有空間，有信心重新審視自己的價值和自己未來的發展道路。換言之就是我們要學會尊重別人，這就是佛陀的平等之心對我們這些凡夫俗子的最基本要求。

一位廚師做了一桌好菜給客人吃，其中有一道菜是他自己最喜歡吃，而且自認為是最好的烤鴨。當客人用餐時，他偷偷地躲在門後觀看，不過只有一位客人在吃，其他人都沒有動過烤鴨。他越看越生氣，終於忍不住了，拿起一把菜刀，怒氣衝衝地大罵客人為什麼不吃烤鴨。

認為烤鴨是不是好吃，這完全在於客人的感覺，而不是廚師的感覺。假如他一定要客人有和自己一樣的感覺，那就是一種不尊重，更是一種自認為高於他人的無知心態，這樣又如何能使他人在同一件事情上和自己達成共識呢？

人生哪能多如意 萬事只求半稱心

《普賢菩薩行願品》上說：「若於眾生尊重承事，則為尊重承事如來。」佛教提出的人與人之間的雙向互敬關係就是「相視當如視佛」，「善修和敬，互相尊重」。

一個畫家剛畫了幾幅畫，請了幾個朋友來鑑賞評點。這幾幅畫當中，其中有一幅畫是畫家自己最珍愛的。幾個朋友看過之後，開始評論。不料，畫家最不滿意的那幅畫受到了大家的一致好評，而他最珍愛的那幅畫，卻被大家認為是華而不實，非常不好。後來，畫家很生氣地把朋友們都趕走了。

這個畫家過分沉浸於自己的感覺之中，不明白評定畫的好壞，是朋友們的眼光，而不是自己的眼光。畫家一定要別人和他的看法一致，便是一種對他人不尊重。當一個人不尊重他人的時候，他又怎麼能和別人很好的溝通呢？

在人生的旅途上，當我們遇到煩惱時，不妨從生活中汲取經驗與教化，感受大地般普載眾生的平等，感受海洋般無有揀擇的包容，感受陽光般溫暖普照的關懷。

只有當「平等和尊重」真正回歸到我們心中，我們才能重新認識到，生活裡還有那麼多值得我們去創造的領域，還有那麼多自己喜歡的生活方式，才會把我們有限的生命拿來做一點對我們自己、對這個社會更有貢獻的事情，這才是人之所以為人的真正價值所在。

02 透過愛別人，來幫助自己

仁愛不是施捨，也不是可憐，而是一種犧牲，但這種犧牲是將自己的一切都奉獻給那些值得自己愛的人，同時你就會感到一種充實，這就是愛的回報，而誰都明白，這種犧牲和回報不是能用金錢買來的。

「愛人以愛己，率己以隨人」，這是《四十華嚴》上的句子，意思是要想自己過好，就得先讓別人過好；要想自己吃好，就得先讓別人吃好。同樣，要想讓更多的人愛自己，自己也應該去愛更多的人。我們正是透過愛別人，幫助別人，來愛自己，來幫助自己的。

仁愛不是施捨，也不是可憐，而是一種犧牲，但這種犧牲是將自己的一切都奉獻給那些值得自己愛的人，同時你就會感到一種充實，這就是愛的回報，而誰都明白，這種犧牲和回報不是能用金錢買來的。

《六度集經》第六卷中有一個《殺身濟賈人經》的故事，可以充分地說明這一點。

很久以前，有一百個商人一起去海中尋寶。他們忍受著風吹日曬，與狂風惡浪搏鬥了好幾個月，克服種種困難，終於得到很多世上罕見的珍寶。就在他們滿載著財寶，準備返航時，狂風驟起，烏雲翻滾，四周一片漆黑。

在閃電雷鳴中，面目猙獰的海神包圍了船隊，他那血紅的眼睛在黑暗中閃閃發光，兇狠地盯著這些商人。商人們一陣恐慌，絕望地喊著：「完了！我們都跑不掉了，只有死路一條了。」

在這萬分危急的時刻，船上有位年輕人也和大家一樣，感到焦急、絕望、恐怖，但他冷靜一想：「在這關鍵時刻，最重要的是想一個辦法，不惜一切代價，救大家的命。我曾經聽說海神有潔癖，他最厭惡的就是死屍。我若把自己的鮮血傾注於海中，讓海神感到厭惡，也許他們就會放了船上的人。在這危急關頭，能以自己的生命救大家一命，才是最高尚的！」想到這裡，他果斷地對眾人說：「請諸位用手托著我的身體。」

商人們不明白他要幹什麼，但還是照辦了。

他立刻抽出一把短刀，迅速向自己的喉管刺去。他死了，殷紅的鮮血灑到船上、海中，飄在波浪上。海神見到這種情景，慌忙躲開，海上頓時風平浪靜。

大家都得救了，所有的人都被這個年輕人的行為所感動，大家抱著他的屍體，哭天搶地、悲痛欲絕地叫道：「天呀！這必定是菩薩下凡呀！寧可我們這些凡夫俗子死去，也不能讓這樣有德的人死掉呀！上天啊！救救他吧！」他們誠心誠意的祈求，流著悲痛的淚水，深深地感動了天神。天神下凡，用一種天上的仙藥灌入年輕人的口中，又塗遍了他全身。

真是靈驗，年輕人馬上就甦醒了過來。他環顧周圍，好像剛從夢中醒來一樣，奇怪為什麼這麼多人圍著他，個個都焦急不安，繼而又化悲為喜。

當他知道是眾人祈求天神救了他後，也深深地被他們的深情給感動了。天神又變出各種奇珍異寶，比他們原有的還要多一倍，裝滿了幾艘大船，他們就這樣順利地返航。親友們見到他們，個個興高采烈，而這些財寶都用來救濟窮人。

佛告訴我們，凡聖的差別只在一念之間，一念轉變能夠捨己為人，就是佛菩薩；如果為自己也為別人，就是凡夫；只為自己不為別人，就很難避免墮入惡道。

有一個屠夫，突然心血來潮，想做點善事，他決定供養一位出家人。為了請這位出家人吃飯，他特意買了一口新鍋做素菜。出家人用餐時，屠夫很激動，心想他吃完飯，能為我講佛法，我就放棄屠宰業，改行做別的事情。可是，吃完飯後，出家人一句話不說就走了。屠夫很失望，於是繼續殺豬，他死後自然墮入地獄受苦。

許多年過去了，地藏王菩薩來到地獄救度眾生。他問：「你們中間如有人過去曾做過一件善事，請講出來。以此因緣，必有得救的希望。」

屠夫說：「我曾經供養過一位出家人，本來希望他為我說法，我便不再殺豬。哪知他吃後一言不發就走了，於是我仍以殺豬為業，死後就來此受苦至今。」

地藏王菩薩用他的智慧觀照，發現那位出家人已成正果。

地藏王菩薩就問這位出家人，是否有這件事。那位出家人慚愧地說：

「確有此事，只因我那時學習小乘，只求自度，未能說法度人，於今不安。為了了結這一宿緣，我願再回人間，度化那位曾經供養過我的屠夫。」

地藏王菩薩很高興，讓二人又重投人間，屠夫轉世仍為屠夫，聖者轉世仍為僧，二人成了好友。有一天，出家人來看屠夫，只見肉店關門，屠夫垂頭喪氣。原來他沒有錢買豬，只好停業。

出家人說：「不用擔憂，我借你二百兩白銀做本錢，你可繼續營業。但有一個條件，我要豬肉時，你必須及時供應。」屠夫一聽，欣然允諾。

屠夫借了錢，照常營業。三年無事，出家人也沒有要肉。第四年，新繼位的皇帝是佛教徒，規定六月十九日觀世音菩薩聖誕，全國禁屠三日，違者斬首。恰好六月十九日，出家人趕來要一斤肉，屠夫無肉可給。

出家人說：「借錢時，有言在先。隨時要肉，隨時供應，你不能違約。」

屠夫自知理屈，便問：「你說怎麼辦？」

出家人想了一想，說：「既然全國禁屠，你不便殺豬，那麼，我有一個折中辦法，現在只需一兩肉，就從你身上割下一兩吧。」

屠夫大叫道：「從我身上割一兩肉，難道我不痛嗎？」

出家人突然問道：「從你身上只割一兩肉，你就叫痛，那麼多豬無辜地被你屠殺了，難道牠們就不痛嗎？」

屠夫頓然醒悟，從此棄屠修道，皈依了佛門。

念念為一切眾生，即佛家常言的「愛人」，已經超凡入聖，而身體還在這個世間，也不能任意糟蹋，要好好的利用，為一切眾生服務、做榜樣。自己個人的生活、家庭、工作，樣樣認真，循規蹈矩，是為了給眾生做榜樣，絕不是為自己做的。

從前，有一位善良的農夫發現他的芋頭地裡有人用手挖過的痕跡，心想：「這樣不好，會傷到手的。」於是他就在地頭放了一把鋤頭。

有一次農夫回家時，看到一個牧童將牛趕到他的麥田裡吃大麥，他就對那孩子說：「這裡的大麥還沒成熟，你應該把牛趕到那邊吃已經成熟的大麥。」牧童飛快地趕著牛跑開了。

又有一次，農夫一路念佛回家，不料後面跟著一個壞蛋，這個人看見了農夫口袋裡的金幣。農夫知道他身後有一個人，就說：「我身上的東西，你想要的話可以給你，但你必須跟著我，聽我講故事。」於是，兩人一路走著，農夫講了很多佛的故事。

回到家中，農夫邀壞蛋一起吃晚飯，並留他過夜，就像招待客人一樣。第二天，他還替壞蛋準備了食糧，並給了他一些錢。為了避免別人發現行蹤，農夫叫他趁早離開，臨走之前，壞蛋跪下來向農夫磕頭，並發誓重新做人。農夫的善心拯救了一個迷途的人，可謂功德不小。

人生在世，離不開友情與親情，若能做到「愛人如愛己」，便能處處贏得朋友。在這個世界，善意總是多於惡意的。仁愛之舉，人人都能做到，不分高貴與低微，不分富有與貧賤，重要的是要有一顆隨時準備行善的仁愛之心。佛法有「四大皆空」一說，然而卻並不意味著拋開一切，真正有禪心的人，是一個懂得善待別人、關愛別人的人。對於這一點，曾國藩深有體會。

曾國藩曾說過這樣一段話：「思古聖人之道莫大乎與人為善。以言誨人，是以善教人也；以德薰人，是以善養人也，皆與人為善之事也。然徒與人則我之善有限，故又貴取諸人以為善。人有善，則取以益我；我有善，則與以益人。連環相生；故善端無窮；彼此挹注，故善源不竭。」意思是說，想到古代聖人為人的原則，沒有比與人為善更為重要的了。以言語教誨人，就是以善教人；以道德教育人，就是以善培養人，這些都是告誡我們與人為善的。然而如果只向別人施予，那麼自己的長處是有限的，所以又貴於能夠吸取別人的長處。別人有長處，則吸取過來以有益於自己；自己的長處，則施予別人，以有益於他人。人人互相學習，那麼善就會無窮無盡；彼此相互施予，所以善的源頭就永遠也不會枯竭。

曾國藩強調的是「為善」，既予人，又取之於人，若要「為」，必須先「善」，那麼「善」在哪裡呢？張履祥說：「非善不存於心，非善不出口，非善不付諸行動」。意思為：「善」就是好品德，好思想，好風氣、好語言，好行為。

那如何達到「善」呢？一是靠教，二是靠養。雖說人的本性中有「善」的一面，但若後天不加以教育、糾正，他也可能會走上歧途；「養善」就是要注重在後天的修養成身性。

善心絕對是溫和的、博大的、寬厚的，是人與人之間交往的一個必要前提。人生在世，能愛人或者被人愛，我們才會體會到人與人之間的最默契之處，才能體會到生之歡樂。

03 雲在青天水在瓶

人們要保持一顆榮辱不驚、物我兩忘的平和之心。因為，在禪宗看來，平常心就是禪；在禪者眼裡，萬物皆美。

人的本性是平等一如的，但人的境界卻有所不同。盲目的自卑或盲目的自大都是不可取的。只有我們放寬眼界和心胸，我們享有的世界才會無比富饒。請看下面這個佛家故事。

有一次，藥山禪師在山頂上散步，看到山邊有兩棵樹，一棵長得茂盛，另一棵早已枯萎。這時，正好他的徒弟道吾禪師和雲岩禪師走過來，藥山禪師就問他們：「你們說，哪一棵樹好看呢？」

道吾禪師說：「當然是茂盛的這棵好看了。」

藥山禪師點點頭。

雲岩禪師卻說：「不，我倒覺得枯的那棵好看！」

藥山禪師也點點頭。

兩個徒弟不解，問藥山禪師：「師父，您兩邊都點頭，到底哪一棵好看啊？」

藥山禪師說：「枝葉茂盛的那棵固然生氣勃勃，枝葉稀疏的那棵也不失古意盎然。」

可見，萬有諸法自性平等一如，沒有善惡、美醜、高下、貴賤的分別，在禪者的眼中，榮茂的樹木和枯萎的樹木都一樣美好。那麼，為什麼在我們常人眼中繽紛複雜、熙熙攘攘的世界，在禪者眼中是美好的呢？原因很簡單，禪者都有一顆平和之心。

曾經多少人感歎：難得有幾天清淨平和的日子。工作太忙了、事情太多了、應酬太多了，妨礙了平和之心。殊不知，我們的身體在勞碌，但心地依舊清淨，一塵不染，這就是定力。

《維摩詰經．佛國品》上說：「隨其心境，則佛土淨。」平和之心生出智慧，純善之心生出福德，福裡就有壽。純淨的心，智慧圓滿；純善的行為，福德圓滿。高度智慧從禪定中來，所以佛法的修學是修定，在淨土法門就是修平和之心。八萬四千法門、無量法門，這些都是修平和之心的方法。

再來看看下面這個故事。

唐代有一個人叫李翱，他十分崇尚唯嚴禪師的德行，所以在他任朗州刺史時，多次邀請唯嚴禪師下山參禪論道，然而都被唯嚴禪師婉言謝絕了。

無奈之下，李翱只得親身去拜見唯嚴禪師，去的那一天，正好碰上禪師在山邊的樹下閱讀經文。

雖然是太守親自來拜訪自己，但是禪師卻毫無迎接之意，對李翱不理不睬。見此情形，侍者便提醒唯嚴禪師說：「太守已等候您很長時間了。」唯嚴禪師只當沒聽見，只是閉目養神。

李翱是一個性子火爆之人，他看禪師這種毫不理睬的態度，就忍不住怒聲斥責道：「真是眼之所見不如耳之所聞！」說完便甩著袖子要離開。

這時候，唯嚴禪師才慢慢睜開眼睛，慢條斯理地問：「太守為什麼會看中遠的耳朵，而輕視近的眼睛呢？」

這話是針對李翱「眼之所見不如耳之所聞」而說的。李翱聽了很吃驚，忙轉身拱手謝罪，並請教什麼是「戒定慧」。

「戒定慧」是北宗神秀宣導的漸修形式，即先戒而後定，再由定生慧。但唯嚴禪師是石頭希遷禪師的法嗣，屬於惠能的南宗，講究的不是漸修，而是頓悟法門。

因此，唯嚴禪師便回答說：「我這裡沒有這種閒著無用的傢俱！」

李翱丈二和尚摸不著頭腦，只得問：「大師貴姓？」

唯嚴禪師說：「正是這個時候。」

李翱更糊塗了，他只好悄悄地問站在一旁的寺院總管，剛才大師回答是什麼意思？總管說：「禪師姓韓，韓者寒也。時下正是冬天，可不是『韓』嗎？」

唯嚴禪師聽後說：「胡說八道！若是他夏天來也如此問答，難道就是『熱』嗎？」

李翱忍俊不禁，笑了幾聲，氣氛頓時輕鬆多了。他又問禪師什麼是道。

唯嚴禪師用手指指天，又指指地，然後問他：「理會了嗎？」

李翱搖搖頭說：「沒有理會。」

禪師又說：「雲在青天水在瓶。」

李翱還是不解。

唯嚴禪師的「雲在青天水在瓶」大約有兩層意思，一是說，雲在天空，水在瓶中，正如眼橫鼻豎一樣，都是事物的本來面貌，沒有什麼特別的地方。一個人只要領會事物的本質，悟見自己的本來面目，也就明白什麼是道了。

二是說，瓶中之水，猶如人的心一樣，只要保持清淨不染，心就像水一樣清澈，不論裝在什麼瓶中，都能隨方就圓，有很強的適應能力，能剛能柔，能大能小，就像青天的白雲一樣，自由自在。

這時，突然一道陽光射了下來，正巧照見瓶中的淨水，李翱頓有所悟，不禁隨口念了一偈：「煉得身形似鶴形，千株松下兩函經。我來問道無餘說，雲在青天水在瓶。」

不知他是領會了唯嚴禪師所說的禪機，還是在讚美老禪師說得好，抑或是說老禪師道行高，反正這首詩成了千古絕唱的禪偈。

唯嚴禪師開始故意不理睬李翱，是想挫挫他的傲氣和火氣，以便投入參禪問道的心境，最後見他心平氣和之後，這才對他說了入道的真諦：雲在青天水在瓶。

「雲在青天水在瓶」是禪宗師父們最喜歡拿來啟發人的一句詩偈，以此告訴人們要保持一顆榮辱不驚、物我兩忘的平和之心。因為，在禪宗看來，平常心就是禪；在禪者眼裡，萬物皆美。

那麼，究竟什麼是平和之心呢？

平和之心就是指一種順其自然、不加強求的心態，也就是要睡覺時就睡覺，要坐立時就坐立，熱的時候取涼，寒的時候取火，沒有矯飾的自然生活。

禪宗所說的平和之心，是本來清淨自性心的一種全然顯現，它與今人所說的平和之心還是有一些差別的。

但是，無論是禪宗所說的平和之心，還是今人所講的平和之心，大都是指人生中一種良好的修養，當然，如果你不具備一定的閱歷和胸襟是很難做到這一點的。

古有范仲淹「不以物喜，不以己悲」，今有李嘉誠「好景時，絕不過分樂觀，不好景時，也不過分悲觀」，這些都是平和之心的真實寫照。

在現代社會，物質財富已經發展到了一定的高度，但是人們對物質的追逐和渴望也超過了以往社會的任何時期。按道理說，在社會允許的範圍內，追求一定的物質財富，這有利於提高人們的生活水準，這應該是沒有什麼問題的。但是，正所謂「欲壑難填」，有些人一味地追逐生活享受，卻拋棄了一顆寶貴的平和之心。具體表現就是浮躁、急功近利，而且還經常背信棄義、過河拆橋、見利忘義等。

當然，執著於物質享受、肆意拋棄平和之心的人，只是那些不善於處世的少數人。

在生活中，還是有許多善於處世的人，他們能夠持有一顆平和之心，「不以物喜、不以己悲」，「有容乃大」，「無欲則剛」，他們相信成敗只是過程，努力自有回報，因而看淡成功，追求不止。

人生哪能多如意
萬事只求半稱心

生活越簡單越健康，要做到心地清淨，一塵不染，淡薄名利，養平和之心。無論什麼時候、什麼地方，都要保持心地清淨、平等，這是真正的淨土。這是我們在日常生活中必須要學習的。

04 生活處處有神通

生活並不缺少樂趣，缺少的是發現的眼光。

日常生活的睡覺行走，喝茶吃飯，無不蘊藏著無限的神通。佛教所說的「神通」，是指修持禪定後，而得到的一種無礙自在的不可思議力量。

現實的人生，每天早出晚歸，汲汲營營，為了追求功名富貴而辛勤忙碌，但到頭來卻又不知為何辛苦為何忙？如果有了「般若」（「般若」就是智慧），人生境界就不一樣了。

唐朝有一個龍潭崇信禪師，他曾跟隨天皇道悟禪師出家。

在崇信禪師當學徒的數年之中，他只是打柴掃地，挑水作羹，不曾得到道悟禪師一言半語的法要。

有一天，他忍不住向師父說：「師父！弟子自從跟您出家以來，已經多年了。可是一次也不曾得到您的開示，請師父慈悲，傳授弟子修道的法要吧！」

道悟禪師聽後立刻回答道：「你剛才講的話，好冤枉師父啊！你想想看，自從你跟隨我出家以來，我未嘗一日不傳授你修道的心要。」

「弟子愚笨，不知您傳授給我了什麼？」崇信禪師詫異地問。

「你端茶給我，我就喝；你捧飯給我，我就吃；你向我合掌，我就向你點頭。我哪有一日懈怠？這些不都在指示心要給你嗎！」

崇信禪師聽了，當下頓然開悟。

可見，生活並不缺少樂趣，缺少的是發現的眼光。我們要讓自己享受到人生的幸福，就要體會到日常一言一行的樂趣。在很大程度上，生活往往是由我們自己創造的。每一個心靈都會給自己創造一個小天地。喜悅的心靈會使這個小世界充滿快樂，不知足的心靈會使這個小天地充滿哀愁，生活就是一面鏡子。請看下面的故事。

有一對表兄弟都是吝嗇鬼。表兄外號叫大摳，表弟外號叫小摳。平時和朋友鄰居相處總是想方設法揩別人的油，誰家有個紅白喜事，他都是出一個錢，吃回兩個來。

一年秋天，小摳到大摳家做客。

小摳一進門就氣得往板凳上一坐說：「表哥，我這人真夠倒楣的，昨天我家塘裡撈魚，特意給你選了兩條大的，被你表弟妹掛在樹上，唉，不知是誰家該死的貓，半夜裡叼了去。」還舉起手裡的一根麻繩：「看看，就剩下這根繩子了。」

小摳看看表哥又看看表嫂笑著說：「也是你們沒口福，算了，明年再撈魚時，一定留兩條更大的，用缸扣住，我看那貓能不能掀動缸。」

快中午了，這小摳沒見大摳兩口子準備弄飯菜來，有點沉不住氣了，提示道：「哎喲，光顧說話了，要不是肚子咕咕叫我還不知道已經到了中午呢？」

這大摳兩口子經這麼一提醒，慌忙起身進廚房做飯去了。

小摳在堂屋裡東張西望就等吃飯了。一會就聽見廚房裡油鍋吱吱啦啦聲，又聞到小蔥的香味。小摳在屋裡拉起嗓門喊道：「表哥、表嫂，都是自家人，中午簡單點行了！」

廚房裡表哥說：「平時表弟來得也不多，偶來一次，你表哥總要弄個像樣點的。」小摳聽了心裡可樂的。

沒多久，表嫂滿頭大汗出來了，笑著對小摳說：「表弟呀，中午就吃豆腐湯、炒竹筍，你表侄女給你弄了幾個大餅。」

小摳笑眯眯地說：「破費了，破費了。」

抬過吃飯桌子，主客坐定，每人面前放了一只大碗，小摳瞪大了眼睛在碗裡完全沒看到一點豆腐，心裡說：「這就是豆腐湯呀！」

大摳看看老婆，老婆忙說：「不好意思，真不好意思，豆腐被老鼠啃了幾口，我怕表弟嫌髒，沒敢往鍋裡放。」

小摳再看看桌子中間放了一個大盤子，盤子裡放了一把竹筷子，心裡想：「難道這就是炒竹筍嗎？」

大摳忙解釋說：「表弟呀，你來遲了，你要是春天來，這些筍子嫩著呢。」

正在這時表侄女捧著幾張紙進來了，嘴裡還甜甜地叫著：「表叔，餅弄好了，你可別客氣呀！多吃點。」

小摳一看，那紙上畫著幾個大大小小的圓圈圈。心裡想，再大的老鼠也生不出狸貓來，這小丫頭和她老子一樣。

臨行前小摳客氣地說：「表哥、表嫂，閒時也常到我家走走。」

大摳一家三口子，邊答應著，邊將小摳送出門去。

這哪裡是送呢，分明是哄走了小摳。小摳氣得要命，到家後把在大摳家的遭遇跟媳婦和兒子一說，全家人氣得直跺腳。

所以說，生活只不過是自我的一面鏡子。你對它哭，它就哭，你對它笑，它就笑。我們的心靈在任何情境下，在任何財富狀況下，都會反映出自己真實的個性。在好人的眼裡，世界是美好的；在壞人的眼裡，世界是腐敗的。如果我們的生活觀念得到昇華，那麼，生活就將充滿歡樂、充滿希望，生活也就會幸福。

曾經有一位作家寫了一篇名為《就試這麼一天》的文章，很值得我們借鑑。

當你下次出門去上班，不知道今天怎麼過時，先別擔憂。下定決心，採用一種全新的方式去生活，就試這麼一天。積極樂觀一點，你也許會使自己的所作所為有所改觀。

就試這麼一天，對同事友善一些。把他們當做恩人來看待，好像你能留在這個崗位上工作全該歸功於他們，因此幸得有他們做同事。

就試這麼一天，不再吹毛求疵，挑剔別人。設法找出每一件事物的優點，並且找出每一個跟你一起工作的人值得稱讚的優點。

就試這麼一天，如果要糾正他人，就儘量以幽默示之，不要出言傷人；設身處地，就像要被糾正的人是自己一樣。

就試這麼一天，不要求自己所做的事盡善盡美，也不再嘗試打破紀錄。稱職地做好眼前的工作，不強自己所難。

就試這麼一天，如果自己對工作勝任有餘，那就不必再不停地反躬自問：我的表現跟職位和酬薪是否相稱？

就試這麼一天，心存感激，慶幸自己活在這個時代，無須在惡劣環境下做勞累討厭的工作。為能在自由國度裡工作而感恩不盡：「在這個國家裡沒有人強迫我工作。」

就試這麼一天，為自己有工作做、活得好而滿心歡喜，慶幸自己不是在戰壕裡躲避槍彈，或是在醫院裡等待手術。

就試這麼一天，不去預期別人會如何對待你，不拿自己的薪酬地位跟別人比較，就因為你是你，所以你很高興。

就試這麼一天，不計較事情「對我有什麼好處」，只想在每件事情上你幫了什麼忙。

就試這麼一天，下班後不再想今天做了些什麼，還有什麼沒有做。反之，盼望傍晚到來，不管完成了什麼都感到欣慰和滿足。

文章中的這些建議和想法都不複雜，更不是天方夜譚。它們的好處是可以令你活得更有意義、更快樂。最重要的是，它們能使你心境平和，而這才是你最珍貴的東西。如果你覺得自己的愛心和激情不夠的話，就按上述建議去實踐吧。

很多人都盼望生活只有晴空麗日而沒有陰雨籠罩，只有幸福而沒有悲哀，只有歡樂而沒有痛苦。殊不知，這樣的生活根本就不是生活。其實，生活就是由悲傷和喜悅構成的，而喜悅正是因為有了悲傷才顯得珍貴。生活的舞臺上，不幸和幸運，接踵而至，使我們依次體味悲傷和快樂。即使是死亡本身也會使生活變得更為可愛，它讓我們在現實的世界中關係更為親密。

一個理智的人會懂得，對生活不要期望太高。當他運用有效的方法力求成功的時候，他做好了失敗的準備。他時時渴望快樂的降臨，但他耐心地忍受各種苦難。在生活中，怨天尤人、悲號哀鳴是毫無用處的，唯有愉快而腳踏實地的面對生活，才能有真實的收穫。

05 為兇手立一塊祭奠的石頭

沒有黑暗，就顯不出光明的可貴；沒有罪惡，就顯不出善美的價值；沒有作惡多端的人，就顯不出好人的偉大；沒有非道德的行為，就顯不出道德的崇高。

佛教裡有超渡法事，為天災人禍、事故戰爭中的死難者超渡，這是佛法對於生靈最深切的悲憫。祭祀亡者，也是撫慰生者。人生最大的美德是寬恕，不能寬恕他人，便無法獲得別人的寬恕。

可見，當有人怨恨我們，與我們產生敵對的時候，要佈施寬恕與諒解，不要太計較，不要太執著，尤其不能讓仇恨一直在心裡發酵，否則最終受害的是自己。

二〇〇七年四月十六日，美國維吉尼亞大學發生了令全世界震驚的校園槍擊事件。韓國移民學生趙承熙瘋狂槍殺了三十二人，隨後飲彈自盡。

事後，這個學校舉行的悼念儀式也讓人吃驚：他們將趙承熙和三十二名遇難者一起進行悼念。

喪鐘敲響了三十三聲，氣球放飛的是三十三個。

其中一塊悼念碑上寫著「二〇〇七年四月十六日趙承熙」，旁邊放著鮮花和蠟燭。還有一些人留下的紙條：「希望你知道我並沒有太生你的氣，也不憎恨你。你沒有得到任何幫助和安慰，對此我們感到非常心痛。所有的愛都包含在這裡」、「趙，你大大低估了我們的力量、勇氣和關愛。你已經傷了我們的心，但你並未傷到我們的靈魂。我們會變得比從前更堅強更驕傲。最後，愛，是永遠流傳的。」

對兇手的寬容到底意味著什麼呢？

維吉尼亞理工大學學生會在接受記者電話採訪時說：「我們認為兇手本身也是受害者，因為他有心理疾病，可惜沒有及時得到社會、家庭的關心和救治，才導致悲劇的發生。所以在悼念活動中，我們也把他當作一個『人』來看待，以表現人性關懷。」

讓我們接著看看這件事情的後續報導。

在這次槍擊事件中死裡逃生的一名女留學生告訴記者說：「最初記者採訪時問過我，『現在還恨不恨兇手』，我回答說，『兇手都死了還恨什麼』。」後來，這位女留學生參加了當地教會的禱告活動。「當牧師提議為三十三個遇難者和他們的家屬禱告時，我深有感觸。因為在美國人看來，兇手孤僻、性格扭曲，卻沒有被關懷和治療，社區是有責任的，同時兇手的家屬也是受害者。」

有一位旅美作家分析說：「這次槍擊事件的製造者，很早就被發現有極端的暴力幻想，但卻沒有引起學校和老師的足夠重視，沒有相應的治療和措施。社會應該從醫學研究的特殊角度，去瞭解病患感受，以最大可能保護他們的安全，滿足他們的特殊要求。同時也注重有效預測他們的行為，儘量減少他們和社會的病態衝突。」

一名專門給新移民上英語課的社區教師對記者說：「兇手八歲時隨父母從韓國移民到美國，由於文化衝突，未能融入美國社會，最終抑鬱成疾。這起慘案提醒我們，應該更多地關心新移民的心理健康。寬容是醫治心靈創傷的最好辦法。」

曾經一度被誤傳為是「涉案槍手」的某華人學生在澄清真相後，沒有糾纏於媒體的誤報，而是在自己的部落格上呼籲人們關心事件中的死難者和他們的家屬，並將他收到的一筆捐款轉交給了慈善機構。

「為兇手立一塊祭奠的石頭」，對校園槍擊案兇手及其家人的寬容，這樣的事情在美國已有先例。

幾年前，就讀於美國愛荷華大學的中國博士留學生盧剛，開槍殺死了包括自己導師在內的五名教師和同學，最後飲彈自盡。

在槍擊事件發生後的第三天，受害人之一的副校長安妮・克黎利女士的家人就透過媒體發表了一封給盧剛家人的公開信，稱盧的家人同樣是受害者，希望以寬容的態度分擔彼此的哀傷。

美國是有死刑制度的，對罪大惡極者也會判處死刑。但從校園槍擊案的結局，我們還是看到了他們的理性和寬容，看到了能夠包容世界的博大胸懷。

許多國家之間的戰爭、種族之間仇視、宗教之間排拒，都是來自仇恨的情結。仇恨讓心如熱火爐，讓人倍受煎熬；仇恨有如身上刺，讓人如坐針氈。冤冤相報何時了，苦苦相逼何時消？只有佈施寬恕與諒解，將仇恨融化，彼此才能和諧共存，讓心出獄，獲得解脫自在。

沒有黑暗，就顯不出光明的可貴；沒有罪惡，就顯不出善美的價值；沒有作惡多端的人，就顯不出好人的偉大；沒有非道德的行為，就顯不出道德的崇高。有道德的人，不僅愛他親近的人，甚至陷害他的人，也一樣的愛護。

06 但求付出，不圖回報

不求回報的給予才是真正的給予。生活中經常有這樣的人，幫了別人的忙，就覺得有恩於人，心懷一種優越感，這種態度是危險的。

有一次，佛托著瓦缽出來化緣，遇到兩個小孩在路邊玩沙子。他們看見佛，就站起來非常恭敬地行禮，其中一個孩子抓起一把沙子放在佛的缽盂裡，說：「我用這個供養你！」

佛說：「善哉！善哉！」

另外一個孩子也抓起一把沙子放在佛的缽盂裡。

佛就預言，若干年後，一個是英明的帝王，一個是賢明的宰相。

若干年後，一個孩子當了國王，就是歷史上有名的阿育王；另一個就是他的宰相。在典籍中，關於阿育王的史實與傳說很多。比如，他曾經打敗東征的亞歷山大；他建的一座寺曾經飛到中國來，就是浙江寧波的阿育王寺。

阿育王的一把沙子就得到了這麼大的回報，很多人向寺廟裡捐金獻銀，什麼好處也沒見到。原因無他，越有所求就越得不到。

其實，這不僅僅是佛法，也是做人的道理。什麼是真正的慈善？佛祖講得很清楚，一是出於至誠；二是不求回報。生活中經常有這樣的人，幫了別人的忙，就覺得有恩於人，心懷一種優越感。這種態度是危險的，常常會引發反面的後果：幫了別人的忙，卻沒有增加自己人情「帳戶」的「收入」，反而因為自己驕傲的態度，把這筆「帳」抵銷了。對此，我們不妨從佛光住持身上學習一下。

佛光住持對於徒眾一向慈愛有加，常常督促常住者供應大眾弟子衣食無缺，達到僧團「利和同均」的理想生活。

一天，掌管會計的僧人拿來一疊請求撥款的條子，皺著眉頭對佛光住持說：「師父！最近徒眾們患牙病的很多。牙疼雖然不是大病，但疼起來卻也痛苦不堪。常住願意給大家方便，可是牙病的醫藥費實在太昂貴了，一個人補幾顆牙就要大筆金錢，實在不是常住能夠負擔的。」

「就算不能負擔，也要盡力設法解決。」佛光住持依然堅持自己的意見。

會計又說：「這些人受了常住恩澤，不但不知回報，說些好話，反而再三批評，牢騷滿腹。依我看，實在不該給他們出這筆冤枉錢。」

佛光住持自言自語般地說道：「這些人口中雖然說不出什麼好話，但是卻不能不為他們裝一口好牙！」

佛光住持的做法，如果按照我們常人的理解，就叫做以德報怨。但若從禪宗修行的角度看，就是把眾生當做自己的子女一般關愛，住持但求付出、不圖回報的做法叫做慈悲。現實生活中，我們更需要具備佛光住持這樣的心胸和做法。

然而，在現實生活中，一些人懷揣一種固有的思維模式，他們認為幫助別人自己就會有所犧牲，別人得到了自己就一定會失去，所以總是千方百計想要補償回來。其實，這想法是錯誤的。因為，你幫助了別人，並不意味著你就吃虧了，且不說這是助人為樂高尚品質的良好表現，就單從是否獲益的角度來說，你也未必就一定沒有絲毫回報。

人終究是有情感的動物，你幫助了別人，別人肯定會在心底保留著這份恩情，說不定在日後你陷入困境的關鍵時刻，受過你恩惠的人就會挺身而出來回報你。你懷有慈悲心幫助別人的同時也是在一定程度上強大了自己，事實上最終獲益的還是你自己。下面這個故事就是這樣的。

有一個窮困的學生，為了付學費，他挨家挨戶地推銷產品。

到了晚上，他感覺很餓，摸摸口袋發現只剩下了幾毛錢，想不出能買些什麼東西吃。於是，他下定決心，到下一家時，向對方討頓飯吃。

然而，當一個女孩打開房門時，他卻完全失去了勇氣。他不敢張口討飯，只要求喝一杯水。

女孩看出來他十分饑餓，於是端出一大杯鮮牛奶來給他。他將鮮奶喝下，然後問道：「我該付妳多少錢啊？」

女孩微笑著回答：「你不欠我們一分錢！媽媽告訴我，做善事是不求回報的。」

於是，這個學生說：「那麼，我只有由衷地謝謝妳們了！」

當他離開時，不但覺得自己不再饑餓了，而且感覺身體強壯了不少，信心也增強了許多。

數年之後，那個女孩生了一場大病，醫生們都束手無策。家人無奈，只好將她送到另一個大城市，請名醫來診斷她這罕見的病情。碰巧，他們找到的就是當年那個窮學生。

當醫生聽說眼前這個病人來自某某城市時，他的眼中露出了奇特的光芒。他立刻換上工作服，走進了那個女孩所在的病房。

他一眼就認出了她。於是，他下決心盡最大的努力來挽救她的生命。經過一段時間的不懈努力，終於讓女孩起死回生，最終戰勝了病魔。

醫院收費室的人將女孩的帳單送到醫生手中，請他簽字。醫生看了一眼帳單，在邊上寫了一行字，然後請人將單子轉送到女孩手中。

女孩不敢打開單子，她覺得，單子上的費用可能是她一輩子都不可能還清的。

最後，她還是打開了，帳單邊上的一行字讓她格外注意：

「醫藥費——一杯鮮牛奶！」

這個故事它告訴我們一個生活中最為樸素的道理：當你付出這種仁慈和關愛時，你就獲得了他人由衷的尊重和感激。關愛別人，雖然你並不渴望得到他人的回報，但是在將來的某個時候，你就可能得到別人的幫助。

不求回報的給予才是真正的給予。在佛的佈施原則中，最重要的就是至誠之心。你幫助別人，並不是因為他有權有勢，不是因為他長得漂亮，不是因為他將來可能有出息，不是因為想炫耀自己，總之沒有任何私心雜念，完全是因為一念之善，這樣的施予才是真正的慈善，無論你的施予多麼微不足道，都是應該得到善報的。

07 人，最大的對手是自己

疾病雖是對手，也要治療它，甚至「與病為友」；煩惱雖是對手，也要面對它，更要「轉煩惱為菩提」；自己也是對手，也要面對它，更要「戰勝自己，征服自己」。

人最大的對手是自己，病痛是自己的對手，煩惱也是自己的對手。疾病雖是對手，也要治療它，甚至「與病為友」；煩惱雖是對手，也要面對它，更要「轉煩惱為菩提」；自己也是對手，也要面對它，更要「戰勝自己，征服自己」。

有一個小和尚什麼事情都發愁。他之所以憂慮，是因為覺得自己太木訥了；他很擔憂他給別人不好的印象；他很擔憂，因為他覺得自己的心不純淨，他無法安心誦經……

小和尚決定到九華山去旅行，希望換個環境能夠對自己有所幫助。他上路前，師父交給他一封信並告訴他，等到了九華山之後再打開看。小和尚到九華山後覺得比在自己的廟裡更難過。因此，他拆開那封信，看看師父寫的是什麼。

師父在信上寫道：「徒兒，你現在離我們的寺廟很遠，但你並不覺得有什麼不一樣，對不對？我知道你不會覺得有什麼不同，因為你還帶著你的麻煩的根源——也就是你自己。無論你的身體或是你的精神，都沒有什麼毛病，因為並不是你所遇到的環境使你受到挫折，而是由於你對各種情況的想像。總之，一個人心裡想什麼，他就會成為什麼樣子；當你瞭解這點以後，就回來吧。因為那樣你就醫好了。」

師父的信讓小和尚非常生氣，他覺得自己需要的是同情，而不是教訓。

有天晚上，經過一座小廟，因為沒有別的地方好去，小和尚就進去和一位老和尚聊天。老和尚反覆強調的是：「最大的對手是自己。能征服自己的人，強過能攻城占地。」

人生哪能多如意 萬事只求半稱心

小和尚坐在蒲團上，聆聽著老和尚的教誨，聽到和他師父同樣的想法。這樣一來就把他腦子裡所有的胡思亂想一掃而空了。

小和尚覺得自己第一次能夠很清楚而理智的思想，並發現自己真的是一個傻瓜——他曾想改變這個世界和全世界上所有的人——而唯一真正需要改變的，只是自己。

第二天清早，小和尚就收拾行囊回廟裡去了。當晚，他就平靜而愉快地讀起了經書。

一個人的命運是由自我意識決定的，我們最強大的對手並不是來自於外部，而是我們自己，正如哲人羅蘭所說：「最強的對手，不一定是別人，而可能是我們自己；在征服世界之前，先得戰勝自己。」我們必須認識到這一點。

有一個人總是落魄，不得志，於是就有人向他推薦去找禪師尋求解脫的妙策。

他找到禪師。禪師沉思良久，默然舀起一瓢水，問：「這水是什麼形狀？」

這人搖頭：「水哪有什麼形狀？」

禪師不答，把水倒入杯子。

這人恍然大悟的說：「我知道了，水的形狀像杯子。」

禪師沒有回答，又把杯子中的水倒入旁邊的花瓶。

這人又說：「我知道了，水的形狀像花瓶。」

禪師搖頭，輕輕提起花瓶，把水倒入一個盛滿沙土的盆。清清的水便一下子溶入沙土，不見了。

這人陷入了沉思。

禪師俯身抓起一把沙土，歎道：「看，水就這麼消逝了，這也是一生！」

這個人對禪師的話思考良久，高興地說：「我知道了，您是透過水告訴我，社會處處像一個個規則的容器，人應該像水一樣，盛進什麼容器就是什麼形狀。而且，人還極可能在一個規則的容器中消逝，就像這水一樣，消逝得無影無蹤，而且一切無法改變！」

「是這樣。」禪師拈鬚，轉而又說，「又不是這樣！」

說完，禪師出門，這人隨後。在屋簷下，禪師蹲下身，用手在青石板的臺階上摸了一會兒，然後頓住。這人把手指伸向剛才禪師觸摸過的地方，他感到有一個凹處。他迷惑，他不知道這本來平整的石階上的「小窩」藏著什麼玄機。

禪師說：「一到雨天，雨水就會從屋簷落下，看，這個凹處就是水落下長期擊打造成的結果。」

此人大悟：「我明白了，人可能被裝入規則的容器，但又像這小小的水滴，改變著堅硬的青石板，直到破壞容器。」

禪師說：「對，這個窩會變成一個洞！」

這個人答：「那麼，我找到答案了！」

禪師不語，用微笑和沉默與這個人對話。

禪師對這個人的啟發，歸根結底就是要讓他明白：社會是有規則的，或者說是以固定的形態出現的，但是人卻是可以隨時改變形態以適應社會，說得更簡單一些就是要善於改變自己。

對於社會而言，也許我們每個人都像是一滴水，既然這樣我們就要像水適應容器一樣來適應社會。如果，你總是特立獨行於社會之上，你就很難得到別人的接納。那麼，想改變世界成就一番偉業也只能是天方夜譚。

生活中的許多人存在著身體缺陷，有些人因此而自暴自棄，最終被競爭所淘汰，但有些人並沒有如此，恰恰相反，他們把缺陷變成自身的特點，進而克服困難，獨闢蹊徑，他們同樣在征服世界之前，成功地戰勝了自己，為以後的成功做了充足的準備。

羅斯福總統從小就脆弱膽小，如果在課堂上背誦文章，他立即會雙腿發抖，嘴唇顫動，回答含含糊糊，然後頹然地坐下來，而且由於牙齒的暴露使他沒有一副好面孔。

沒有一個人能比他更瞭解自己，他清楚自己身體上的種種缺陷。但是，他從來不欺騙自己，他用行動來證明自己完全可以克服先天的障礙。透過演講，他學會了如何利用一種假聲，掩飾他的暴牙以及站姿。雖然他的演講並不具有任何驚人之處，但他不會因為自己的聲音和姿態而退縮；他也不像其他人那樣具有驚人的辭令，然而在當時，他卻是最有說服力的演說家之一。

由於他沒有在缺陷面前退縮和消沉，而是充分、全面地認識自己，在意識到自我缺陷的同時，能正確地評價自己，不因缺憾而氣餒，甚至將它加以利用，變為資本，變為扶梯而登上名譽巔峰。在晚年，已經很少有人知道他曾有過嚴重的缺陷了。

其實，人與人之間本來只有很小的差異，但就是這些很小的差異卻往往造成彼此之間遙遠的距離，這也就決定了一個人的一生是成功、幸福，還是平庸、不幸。而這些很小的差異就是我們如何面對自己，如何戰勝自己，如何為自己的成功承擔責任。

有一個人自幼酷愛足球運動，很早就顯示出了超人的才華。

有一次，他參加了一場足球賽，中場休息時，向朋友要了一支抽菸抽了起來，恰巧被父親看到了。但是，父親並沒有發火，而是平靜地說：「孩子，你踢球有幾分天資，也許將來會有出息。可惜，你現在抽菸了，抽抽菸會使你在比賽時發揮不出應有的水準。作為父親，我有責任教育你向好的方向努力，也有責任制止你的不良行為。但是，所有的決定還是取決於你自己。我只想問問你，你是願意抽菸？還是願意做一個有出息的運動員？你自己選擇吧！」

說著，父親從口袋裡掏出一疊鈔票，遞給他，並說道：「如果你不願意做一個有出息的運動員而執意要抽菸的話，這點錢就作為你買菸的錢吧！」父親說完便走了出去。

這位球員望著父親遠去的背影，仔細回味著父親的話語。最後，他把鈔票還給了父親，並堅決地說：「爸爸，我再也不抽菸了，我一定要做一個有出息的運動員。」

從此以後，這位球員不但與菸無緣，還刻苦訓練，球藝飛速提高，成為了著名球星。

人只有真正的認識自我、相信自我，才會把命運當作自己的對手，他需要這樣的對手來證明自己的力量；而相信命運的人，常常會把命運當成救命稻草，因為他覺得自己可憐，而結果呢？兩種人，兩種迥然不同的結局。的確，相信自己而不相信命運的人，奮發圖強，兢兢業業，會大有作為；反過來，相信一切都是命運安排而不相信自己的人，故步自封，悲天憫人，將是一事無成。

08 小人也要當君子養

君子不畏流言攻奸，問心無愧，而小人則為自保和掩飾，對你展開攻擊。跟講道理的人才可以講理，與不講理的人講理是對牛彈琴。

所謂「小人」，就是那種人品很差、氣量極小、不擇手段、損人利己的惡徒。他們動輒溜鬚拍馬、挑撥離間、造謠生事、結仇記恨、落井下石。

人活於世，誰都不願意與小人打交道，但不管你願不願意，誰都不可避免地會碰到小人。因為那些生活在我們身邊的鼠輩小人，他們的眼睛總是牢牢地盯著我們周圍所有大大小小的利益，隨時準備多撈一份，甚至為此不惜一切代價，用各種手段來算計別人。

小人是琢磨別人的專家，敢於為芝麻大小的恩怨付出一切代價，因此在待人處世中如何與小人打交道，還真得需要一套行之有效的方法才行，怎麼辦呢？請看下面的故事。

佛印禪師和蘇東坡在茶館裡喝茶。

侍者見佛印禪師是一個出家人，就對他非常冷淡，而對蘇東坡則十分熱情。

蘇東坡覺得過意不去，幾次提醒侍者對佛印禪師客氣一些。但是侍者顯然是一個非常勢利的小人，反而對蘇東坡更熱情了。

蘇東坡很不高興。

結完了帳，佛印禪師掏出幾文銀子，遞給侍者，並一再道謝，態度非常謙恭。

走出茶館門口，蘇東坡問佛印禪師：「這個夥計態度很差，是不是？」

佛印禪師說：「他是一個勢利小人，他的行為真令人討厭。」

蘇東坡問：「那麼你為什麼還對他那樣客氣，而且還賞錢給他呢？」

佛印禪師答道：「有時候，小人也要當君子養！」

可見，佛印禪師所說的「有時候，小人也要當君子養」就可以作為一種不錯的與小人交往的方法。

在這一點上，待人處世厚黑之道也認為：如果你既不想把自己降低到與小人同等的地步，也不想與小人兩敗俱傷的話，那就要善待小人；或者惹不起躲得起，儘量不與小人發生正面衝突。一句話，如果不是非得撐破臉皮，就要「將小人當君子養」。

為大唐中興立下赫赫戰功的唐朝名將郭子儀，不僅在戰場上攻城拔寨得心應手，而且在待人處世中還是一個特別善於對付小人的高手。郭子儀與小人打交道的祕訣就是「善待小人，將小人當君子養」。

「安史之亂」平定後，立下大功並且身居高位的郭子儀並不居功自傲，為防小人嫉妒，他反而比先前更加小心。

有一次，郭子儀生病了，有一個叫盧杞的官員前來拜訪，此人是中國歷史上聲名狼藉的奸詐小人之一，相貌奇醜。正因為如此，一般人看到他的尊容都不免掩口失笑。郭子儀聽到門人的報告，馬上下令左右姬妾都退到後堂去，不許露面。

盧杞走後，姬妾們又回到病榻前問郭子儀：「許多官員都來探望您的病，從來不用我們迴避，為什麼此人前來就要我們都躲起來呢？」

郭子儀說：「妳們有所不知，這個人相貌極為醜陋且內心陰險。妳們看到他萬一忍不住失聲發笑，那麼他一定會忌恨在心，唯恐後患無窮啊。」

後來，這個盧杞當了宰相，把所有以前得罪過他的人統統陷害掉了，唯獨對郭子儀比較尊重。

這件事充分反映了郭子儀對待小人的辦法既周密又老練，寧得罪君子，不得罪小人。君子不畏流言攻奸，問心無愧，而小人則為自保和掩飾，對你展開攻擊。

誠然，跟講道理的人才可以講理，與不講理的人講理是對牛彈琴，對不同的人說不同的話，用不同的策略應對，無論遇到什麼情況都能夠靈活應對。南齊的徐文遠就是這樣一個人。

徐文遠是名門之後，幼年時跟隨父親被抓到長安，家裡生活十分困苦。但他勤奮好學，通讀經書，後來做到了隋朝的國子博士一職，還被越王楊侗請去擔任祭酒的官職。

隋朝末年，洛陽一帶發生了大饑荒，徐文遠生活困窘，只好靠打柴維持生計，湊巧碰上自己以前的學生李密，於是被李密請進了軍隊。李密作為徐文遠的學生，對他自然十分尊敬。

到了軍中之後，他請徐文遠坐在上座，自己率領手下向他參拜行禮，誠懇地請求他幫自己出謀劃策。於是，徐文遠對李密說：「如果你決心效仿伊尹、霍光，在危難之際輔佐皇室，即使我年邁體衰，也仍然願意盡心盡力。但如果你要如同王莽、董卓那些奸惡之人那樣，在皇室遭遇危難的時刻領兵謀反，趁機篡位奪權，那我就不能幫你了。」

李密答謝說：「我願意遵從您的教誨。」

後來李密戰敗，徐文遠到了王世充手下謀事。由於王世充也是徐文遠的學生，所以他對徐文遠也十分尊重，賜給他錦衣玉食。但是，徐文遠每次見到王世允，總要十分謙恭地對他行禮，有人不解地問他：「先前您在李密帳中時，對李密十分倨傲，但現在對王世充卻如此恭敬，他們同樣是您的學生，為什麼你的表現卻如此不同呢？」

徐文遠回答說：「我知道，李密是個謙謙君子，所以即使用狂傲的方式對他，他也能接受；而王世充卻是個陰險小人，即使是再好的朋友也可能會被他暗地謀害，所以必須小心謹慎地與他相處。我看時機而採取相應的對策，難道不應該如此嗎？」

後來王世充加入了農民起義軍，在李淵打下天下後歸順唐朝。徐文遠又靠著自己靈活變通的處世哲學，在唐太宗手下做了大臣，被任命為國子博士，很受唐太宗李世民的重用。

徐文遠之所以能夠在五代亂世中保全自己，深受當權者重用，就是因為他懂得處世之道，這種處世作風使他在官場和人生中沒有遭受重大挫折，平穩地度過了一生，而且自己的才能也得到了充分地發揮，這是值得後人借鑑的。

「小人」每個地方都有，這種人常常是紛擾之所在，他們的造謠生事、挑撥離間、興風作浪很令人討厭，所以有些人對這種人不但敬而遠之，甚至還抱著仇視的態度。仇視小人固然能顯出你的正義，但這並不是圓融的處世之道，反而凸顯了你的正義是不切實際的，因為正是你的正義公然暴露了這些小人的無恥和不義。

因此，在為人處世中，不要輕易得罪小人，他會陷你一生於坎坷之中，我們平時與他們相處，還是不要同他們一般見識為好，與他們保持距離，也不必嫉惡如仇地和他們劃清界線，因為他們最需要的是自認為的自尊和面子。在待人處世中，在必要的時候還是要善待小人的，雖然你並不指望著他們能在必要時幫你一把，但是只要他們不公然與你為敵，這實際上也是一種對你的幫助。

09 為大眾的安樂，捨己捨身

在別人危難之時挺身而出，不畏危險，捨己為人的人更加勇敢。

何謂勇敢呢？能夠突破重重困難取得成功的人，固然可謂勇敢。但是，能夠在別人危難之時挺身而出，不畏危險，捨己為人的人更加勇敢。首先讓我們來看《六度集經》中的一個故事。

在一片森林裡，住著一群鹿。牠們的鹿王十分仁慈，非常愛護自己的部下，因此，森林裡的鹿都很尊敬牠、愛戴牠，跟隨牠的鹿也越來越多。

有一天，牠們一路尋覓食物，邊走邊玩耍，不知不覺來到了國王的皇家林苑裡。一個牧人發現了牠們的蹤跡，就去報告國王。

喜歡打獵的國王聽了非常高興，馬上派了許多士兵包圍這個林苑。士兵的吵嚷聲驚動了鹿群，等大家意識到將要發生什麼事時，已經太晚了，牠們已經被士兵團團圍住。

在這危急關頭，鹿王心裡非常難過，也非常懊悔，牠想著：「就是因為我沒有防備之心，才會使得群鹿陷於重圍，面臨這樣可怕的危險，現在哪怕是拼了命，我也要救大家出去！」

鹿王靈機一動，跑到離圍欄不遠的地方，跪下兩隻前腿，對鹿群喊道：「快！快踩著我跳出圍欄，你們就能活命了！」

於是群鹿一隻接一隻，都踩著鹿王跳出了圍欄，獲得了自由。鹿王卻身受重傷，血流不止，撲倒在地，動彈不得。而那些已經逃出去的鹿看到鹿王身受重傷，都在圍欄外邊自動聚攏過來，哀聲啼叫，不肯離去。

國王遠遠看到鹿王受到了重傷，血流遍地，而其他鹿都站在欄杆外邊悲哀地望著牠，忙問道：「這是怎麼回事？」

鹿王回答說：「陛下！是我沒有管教好群鹿，為了尋找草場而侵犯了您的林苑，我的罪孽深重。現在，我身體受了重傷，肉也殘缺不全，但內臟仍是完好無缺的，我情願供給您做一頓早飯，但請您不要殺害其他的鹿，牠們並沒有錯。」

國王聽了這番話，感動得熱淚直流，說：「你雖然是牲畜，卻擁有天地間最高尚的慈善心腸，願意犧牲自己，來拯救別人；而我身為國王，卻要殺害生靈，真是罪惡深重啊！」

鹿群看到鹿王傷勢嚴重，都圍攏過去用舌頭輕輕地舔牠的傷口，又從遠處的樹林裡、山崖邊找來草藥，細心地敷在鹿王的傷口上。

國王目睹這動人的情景，擦著淚嘆息道：「君王對百姓慈愛關懷，百姓才會愛戴、擁護君王。鹿王實在是仁義之君啊！」

深受感動的國王為了避免這樣的事件再發生，特地頒佈了一道命令：「從現在起，全國一律禁食鹿肉！」並且下令毀掉一切捕鹿的工具。從此，國王心懷慈悲，不再殺生，處處關心百姓的疾苦，成為全國老百姓尊敬、愛戴的領袖。

南宋末，宋兵兵敗如山倒，許多將士明哲保身，各奔前程。

大學士陸秀夫這時站出來激勵大家說：「古人只有一旅還能興，而我們現在百官俱全，尚有數萬軍隊，如果天不絕宋還是有成功的希望！」於是，他堅持抵抗，後在廣東圭山被困，堅決不做俘虜，背著小皇帝跳海殉國。

清朝維新運動代表人物之一譚嗣同，在變法失敗後本有機會逃走，但他慷慨道：「各國變法，無不從流血而成。今日中國未聞有因變法而流血者，此國之所以不昌也。有之，請自嗣同始！」

被捕後，他在獄中留下了「我自橫刀向天笑，去留肝膽兩崑崙」的著名詩句，決心以死明志，受刑時面不改色，死時享年三十三歲。

在戊戌變法中遇害的還有劉光第、楊銳、楊深秀、康廣仁、林旭等人，史稱「戊戌六君子」。

康廣仁臨死前意氣昂揚地說：「我等死，人心必將振奮，而中國之復興富強也就有望了。」這些人是真正的君子，為了國家的富強，甘願獻出自己的生命與熱血。這些古今民族英雄的故事歷來為世人所稱道。他們是真正勇敢的人，他們胸懷一顆勇敢的心。

社會上一些欺軟怕硬的小混混看似做過一些「勇敢」的事，其實遇到真正的危難時就露出了他們的膽小與懦弱。而君子為人，應該是真正的正義的勇敢，看過一則新聞是關於一位汽修廠員工的。二〇〇五年七月九日，他在濤天巨浪中捨己救人，譜寫了一曲「見義勇為」的英雄之歌。

二〇〇五年七月，連日陰雨，在七月九日當天更是雷鳴電閃，風雨交加，下起了一場罕見的特大暴雨。以落差大、水流急著稱的竹溪河河水暴漲。

中午十一點十分，一輛冒雨急駛的客貨兩用車，在行至竹溪河順達汽修廠下方大拐彎處時，因剎車失靈，再加上雨大路滑，帶著慣性幾個側翻，連車帶人一起栽進洪水中。

此時，雨越下越大，暴漲的洪水漸漸吞沒了汽車。公路上圍觀的人也越來越多，大家奔走呼救，急促的「救人」聲和著巨大的波濤聲，令人感到異常窒息。

岸上不斷有人嘗試著跳進急流中涉水救人，可是水流湍急，衝力實在太大，根本就站不穩腳跟。就在人們用盡一切辦法，仍然無濟於事的時候，有人喊了聲「讓開！」。大家回頭一看，是順達汽修廠員工郭宏林。

原來郭宏林修完車正準備吃飯，突然聽到「呼救」聲，跑出來一看，一名婦女被困在洪水中，人們根本沒辦法靠近她。此時，瘋狂的波濤已經開始從她的頭頂撲過，眼看婦女性命難保，郭宏林心急如焚。

或許是急中生智，他猛然想到繩子，便趕緊叫人找來繩子。郭宏林讓人用繩子的一頭拴緊自己的腰，另一頭栓在電線杆上，跳進洶湧渾濁的洪水中向受困者艱難游去。洪水又急又猛，他每前進一步，都異常艱難。一次次被洪水沖倒，又一次次爬起來，好幾次險些被洪水沖走。每前行一步，大家的心就跟著緊縮一下。

幾經險境到了跟前，郭宏林伸出手讓婦女抓住，可是她臉色慘白，死死抱著石頭，無力配合。

經過數次與急流搏鬥，他用盡全身力氣，硬是把婦女抓了過來，解下自己身上的「救命繩」拴在她的腰上，然後用左臂夾著她，右臂划水，示意眾人拉繩子。

在眾人的幫助下，郭宏林艱難地將婦女拖到岸邊。這時，汽車被洪流沖走了，剛才婦女攀附的石頭也被洪水完全淹沒了。再看郭宏林，雙腿血跡模糊，渾身是傷。

在這場人與洪水的搏鬥中，郭宏林不顧個人安危，奮不顧身地跳入水中，憑著果敢，憑著機智，憑著見義勇為、捨己救人的偉大精神支撐，救起了危在旦夕的生命。他以實際行動詮釋了一名普通人的人性光輝，讓人們在和平年代，再次目睹了捨己為人的壯舉。

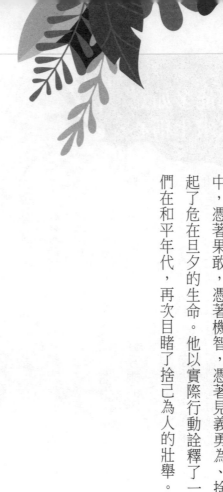

10 對一切美好的事物心存感恩

生活在這個世界上，我們時刻都在接受著外來的恩賜，而對於這些恩惠，有些人卻麻木不仁，視若無睹，似乎這一切都理所當然。

在《十誦律卷》第三十六雜誦中有一則《為雁王身獵者得之而放求國報恩》的故事：

以前，有一個波羅奈城。城池附近有一個大池塘，池塘的水中生長著魚、龜等許多生靈，水面上還生活著一群大雁。

大雁的首領統率著五百隻大雁，在池塘上過著無憂無慮的生活。可是有一天，一個獵人在池塘裡設下了網，並用樹枝做了隱蔽，他要抓捕大雁的首領。毫無警惕的大雁王覓食時，一不小心掉進了網裡。

大雁的首領本能地要喊救命，但牠發現這個網非常結實，大雁們根本對付不了，牠想應該通知大雁們離開這個危險的地方。牠抬頭看到大雁們正在覓食，心裡想還是讓牠們吃飽了再告訴牠們吧。

大雁王在網裡看到大雁們差不多吃飽了，才大聲喊道：「有獵人來抓捕我們，我已經落進了網裡，你們趕快跑吧！」

大雁們聽到喊聲，慌亂地向遠處飛去。但是有一隻大雁卻留了下來，這隻大雁叫蘇摩，善良又有責任感，牠不忍把大雁王留在網裡。大雁王知道自己的死期到了，不免對大雁們的未來擔心。牠要蘇摩接替大雁王的位置，把大雁們帶到沒有獵人的地方去。

聽了這些話，蘇摩很難過，牠回答道：「我不會走，你是我們的首領，平時對我們那麼好，我就是跟你一起死，也不會在你危難的時候離開你。」

蘇摩說完，便開始救大雁王，可是，正像大雁王所想的那樣，獵人的網實在太結實了，蘇摩沒有辦法救出大雁王。

就在這時，獵人收取獵物來了。蘇摩不顧被獵人抓住的危險，上前對獵人說：「如果你非要吃一隻大雁，你就吃掉我吧！我的肉比雁王的肉還鮮嫩。請你放了雁王，我願意替他去死。」

蘇摩捨身救大雁王的舉動感動了獵人，獵人放了大雁王，也沒有讓蘇摩來代替。大雁王被放出來，悄聲對蘇摩說：「這是一位慈悲的獵人，我們應該想辦法給他一些報答，讓他感到慈悲能給他帶來什麼。」

獵人看到兩隻大雁遲遲不走，覺得奇怪。兩隻大雁說了要報答他的想法，獵人笑著說：「你們只是鳥類，而我是人，你們如何來報答我呢？」

大雁王邀請獵人跟他們一起去見波羅奈城的國王，大雁王說他和國王之間有交情，他會托國王替他報恩的。

果然，他們到了王宮，國王聽說了他們的故事，馬上賞賜獵人許多珠寶。獵人感到了慈悲的重要，他把這些財寶佈施給貧困的人們，從此以後他再也不打獵了。

雁王與蘇摩以他們的慈悲和知恩感恩的心，感動了獵人，啟發了獵人的善根，獵人不但將寶物佈施貧人，並且從此不再打獵。佛言：「心佛眾生無差別。」平日裡，如果我們也能以知恩感恩的心與人相處，周圍一定是一片祥和，同時也能啟發人人良善的本性，使社會更安定、更太平。

知恩感恩不是一種對人的施捨或者憐憫，不是物與物的交換，不是量與量的平等，而是一種人世間最樸實卻又最真摯情感的表現，是於點滴的言行中昇華出的一種人性最原始、最本質的東西，也就是人性的真、善、美。但是，知恩感恩之心不是自動就會來到，你必須去培養。許多人從沒有真正感受或是表露過感激之情，比如：

在一個暴風雨的夜晚，有一艘客輪和一艘貨船相撞，沉沒了。船上三百名乘客落入了海中。這些人中，有二百多人被淹死了。

有一名大學生，他一次又一次地跳進水中，營救落水乘客。當他從水中救出第十七個人時，筋疲力盡地他摔倒了，從此再也沒能站起來。在後半生裡，他只能靠輪椅生活。

據一家報紙報導，幾年後，有人問他對於那個難忘的夜晚，他感觸最深的是什麼時，他說：「那十七個人從來沒有向我表示過感謝。」

很難想像，沒有人會說「謝謝」！

為什麼人類總是隱藏他們感恩的心情呢？或許是人與人之間的摩擦，摧毀了他們感謝的心，相互的傷害挫傷了彼此的和氣，也可能是他們習慣了沒有感恩的日子，這是本末倒置的做法，不是嗎？

父母的養育、師長的教誨、朋友的關愛……生活在這個世界上，我們時刻都在接受著外來的恩賜，而對於這些恩惠，有些人卻麻木不仁，視若無睹，似乎這一切都理所當然。現實社會中充斥著名利與世俗，虛偽與欺詐，有些人漸漸地淡化了人性原本存在的善良，也逐漸忘記了如何去感恩，這些行為是多麼可悲。人不能缺少感恩之心，感謝父母給予生命，感謝家人給予親情，感謝朋友給予友誼，感謝生活給予快樂，對父母、家人、朋友、社會要常懷感恩之心，對於那些身處困境渴望得到幫助的人來說，我們更應該懷有感恩之心。

一個流浪漢因饑餓而暈倒在街頭，一位好心人給了他十元，流浪漢因為那十元又重新站了起來，對那位好心人感激不盡，他求好心人留下聯繫方式，以便有一天能報答他。

好心人對流浪漢說了一句話：「我曾經也與你一樣陷入困境，也是一位好心人給了我十元讓我走到了今天。當時那位好心人只對我說了一句話，就是學會用一顆感恩的心去對待別人。所以，我今天對你所做的一切，是真心的希望明天你也能用一顆感恩的心去對待另一個需要幫助的人……」

助人者幫助他人卻不求回報，受助者常念他人之恩，對善行報以善行，這是多麼和諧的一個畫面！我們要對父母心存感恩，常懷孝心，多做孝行；要對他人心存感恩，常懷愛心，寬容以對；要對事業心存感恩，常記忠於職守；要對生命、對生活、對大自然、對一切美好的事物心存感恩，使靈魂得到不斷淨化。

我們再來看一個小故事。

一個老人在烈日下趕路，揮汗如雨，突然發現路旁有一株大樹，於是就趕緊到樹下休息。一陣風吹過，老人愜意極了，對著太陽大喊：「謝謝你，太陽。沒有你，我怎麼會感到如此清涼？」說完就舒服地睡著了。

過了一會兒，一條大黃狗跑過來，對著他大叫。老人醒了，看一眼太陽，時間已不早了，他爬起來對著大黃狗點一點頭說：「謝謝你，大黃狗，是你提醒我該趕路了。」老漢又上路了。

這位老人對這個世界充滿了感激，心情快樂無比。感恩，是人們的一種責任意識、自立及自尊意識，更是一種精神境界的追求。感恩，不僅僅是一種美德的要求，更是生命的一個基本要素。

生活中，許多人奉行的原則是「你滿足我的需要，然後我才滿足你的」，這種方式很少能發揮效果。仔細想想別人曾經為你所做愛的表示、友善的動作、信心的鼓勵、友好的示意。你每天應該空出一些時間，對那些使你的生活更豐富、更充實的人，表達你的感恩之情。表達出你對別人的感恩之情後，你會發現自己所得到的回報將源源不斷。

不吝嗇對別人付出接受、贊同和感激之心的人，總是受人歡迎的，因為和他們相處使人有甘之如飴的舒適感。相對的，習慣深藏對別人感恩之心的人，則容易吃閉門羹，遭到別人的拒絕。

總之，以你覺得最舒服、最自然的方式去表達自己的慈悲之心和感恩之情。不需要肉麻的動作，只需要簡單的幾句話，就可以使別人感受到你的熱情和誠懇。用一份源於心底的感動，用一顆感恩的心，去對待別人及這個世界，你就會發現生活中多了許多歡笑、快樂和真誠，而少了許多虛偽、欺騙和傷害，這難道不正是我們所期望的嗎？

11 盡可能使人生更有意義些

人生是什麼——拿得起，放的下。

在一個寂寞的秋天黃昏，無盡廣闊的荒野中，有一位旅人蹣跚地趕著路。突然，旅人發現薄暗的野道中，散落著一塊塊白白的東西，加以注意之下，原來是人的白骨。旅人正在疑惑之際，忽然從前方傳來驚人的咆哮聲，隨著一隻大老虎緊逼而來。

看到這隻老虎，旅人頓時瞭解白骨的由來，立刻向來時的道路拔腿逃跑。但顯然是迷失了道路，旅人竟跑到一座斷崖絕壁的頂上。旅人在毫無辦法之中，幸好發現斷崖上有一棵松樹，並且發現樹枝上垂下一條籐蔓。於是旅人便毫不猶豫，馬上抓著籐蔓爬下去，躲過了一劫。

幸虧這籐蔓的庇蔭，終於救了寶貴一命。

人生哪能多如意　萬事只求半稱心

旅人暫時安心了。但是當他朝腳下一看時，不禁「啊！」了一聲，原來腳下竟是波濤洶湧底不可測的深海，怒浪澎湃著。而且在那波浪間還有三條毒龍，正張開大口等待著他的墜落！

旅人不知不覺全身戰慄起來。但更恐怖的是他救生的籐蔓，在其根接處出現了兩隻白色和黑色的老鼠，正在交互地開始囓著籐蔓。旅人拚命地搖動籐蔓，想趕走老鼠，可是老鼠一點也沒有逃開的樣子。與此同時，每當搖動一次籐蔓，便有水滴從上面落下來，原來這是從枝上築窩的蜂巢所滴下的蜂蜜。旅人由於蜂蜜太甜了，完全忘記如今正處於危險萬分的境地，一顆心完全被蜂蜜甜蜜所佔據。

佛陀開示這愚癡的旅人之相，便是指所有人類的「人生之實相」。那麼這段譬喻意味著什麼呢？

佛陀用這個故事是在開示你的人生真實之相。

旅人——這旅人即是指你自己。

荒野——無盡而寂寞的荒野是譬喻你無盡寂寞的人生。你從生下來時，就成為這旅人而在作人生之旅了。既是旅人，應知目的地。如今你是以何目的，而出生到人間來呢？如若不知，則不能不說就和這愚癡的旅人一樣了。

秋天的黃昏——秋天的黃昏是譬喻人生的孤寂感。何故你的人生就像秋天的孤寂？因為你是孤獨一人旅行之故。雖說有親屬、家族、朋友，但並沒有可以互相傾吐心中的一切，互相理解的心靈之友。即使是夫婦，也未必能互相理解心中之事而生活下去。人生的孤寂，原因就在這心靈的孤獨，難道你未曾有過孤獨的感傷嗎？

白骨——路邊的白骨是你人生的旅途中，家族、親屬、朋友等的死亡。你活到現在，應該看到很多白骨，那時你有何想法？有何感觸？難道你也沒有注意到緊逼而來的「無常之虎」嗎？

老虎——飢餓的老虎所譬喻的即是你自己的死亡。在此世間存在的一切之物都是無常的，故你非死不可。死對你是最恐怖的事，所以佛陀以恐怖的老虎作譬喻。現在這無常之虎猛然地向你逼來。但由於你以為這是非常恐怖的事情，所以平時不想去思考它。而且如果你認為當佛教在說死亡的事時，會因而感到陰森森，並且厭惡的話，那你就對佛教完全誤解了。

人生哪能多如意
萬事只求半稱心

平生雖然忘記死，逃避死，但死必然會來到的，這種心態並不能解決死的問題。唯有與死亡正面對決，而獲得解決，才能得到絕對的幸福。因此佛教才提到死的事。作為旅人的你，本能地從死亡中逃開，一有病就到醫院，或以藥物來跟死亡搏鬥。但仍然是逃不掉的界限。

松樹——接著你攀上崖頂的松樹，松樹是指金錢、財產、名譽、地位等等。這些東西即使再多，在死亡的面前也仍是無力的。你現在能握著金銀、財產、名譽、地位等而含笑地迎接死亡嗎？瀕臨死亡時，一物也帶不走，因此能夠笑笑地面對死亡是不可能的。

籐蔓——籐蔓所譬喻的是「還不會，還不會，我還不會死」的那種以為還有二十年、三十年的壽命可依靠，但即使認為「還有十年、還有二十年可活著」，但你認為到底有多長命呢？

想想看便知：已過去的十年二十年，也不過是轉眼之間便如夢如幻般地消逝了。你從今以後的十年二十年也同樣是「啊」的一聲之間便會過去。

老鼠——不斷咬嚙著籐蔓的白老鼠和黑老鼠是指白天和晚上。白天的白老鼠和晚上的黑老鼠互相地在縮短你的壽命。所謂活了今天一天，便是死了今天一天。即使過年、節日、假日也都一刻不休地在嚙著你的生命。因此最後籐蔓必定被嚙斷，這便是「死」。

深海——深海所譬喻的便是「地獄」。墮入此地獄，必須承受「八萬劫中大苦惱」。這一件事情便稱為：「後生大事」。

毒龍——產生地獄之苦的是這三條毒龍，這三條毒龍即指你心中的貪慾、嗔怒、愚癡之恐怖的心。由於貪慾之故，不知犯了多少殺生罪，累積了多少惡業；由於嗔怒之故，在心中不知累積了多少對翁姑、朋友、他人「願他快死」等的心殺之罪；由於愚癡之故，不知累積了多少對自己不幸的憤懣，對他人幸福的妒忌之罪。

蜂蜜——蜂蜜是指人的五慾：食慾、財慾、色慾、名譽慾、睡眠慾。一天之中，你不斷所想的，繼續所求的無非是為了這五慾的滿足。然而不斷地舔著蜂蜜，不知不覺地墮落下去，豈不是太愚癡了嗎？

人生中面臨著種種的危機。我們不能被各種慾望迷障了雙眼，只顧享受；同時，也不要被各種困難和危險所嚇倒，忘了欣賞魅力的人生。關鍵是要把握好奮鬥和享受的分寸，盡可能使人生更有意義些。

12 慈悲沒有敵人，智慧沒有煩惱

人們不快樂，常生氣，有煩惱，常常是因為做事太計較得失，而忽略了自己的本來目的。如果你不給自己煩惱，別人也永遠不可能給你煩惱。

由於佛陀受到世人的尊崇，曾經引起一位弟子的嫉妒。有一次，那名弟子竟然當著釋尊的面謾罵他。

可是，不管他罵出多麼難聽的字眼，釋尊都沉默不語，不予理會。當那名弟子罵累了之後，釋尊問他：「如果有人想送禮物給對方，對方不肯接受，那麼，這份禮物該屬於誰呢？」

弟子不假思索地回答：「當然應該屬於送禮的人。」

釋尊笑著又問：「對，就像現在，你把我罵得一文不值，但是如果我不肯接受，這些責難又該屬於誰呢？」

弟子啞口無言，頓時覺悟到自己是多麼無知和淺陋。他馬上向釋尊道歉，請求諒解，同時發誓從此以後再也不誹謗他人了。

釋尊向眾弟子們講述過這段趣事後，進一步說法道：「學道之人如果挨了罵就馬上反唇相譏，或存報復之心。那麼，就如同向天空吐痰一般，不但不會傷到別人，反而會濺到自己身上，弄髒自己，使自己受到污染，大家千萬牢記。」

很多時候，我們也會陷於別人給我們的評論之中，別人的語氣、眼神、手勢，都可能攪擾我們的心，打擊我們往前邁進的勇氣，甚至使我們整天沉迷在愁煩中不得解脫，白白損失了做個自由快樂人的權利。

人的真正境界是自己修出來的，一個修行人要想成就的話，應該時常保持沉著、冷靜，不要為了一點小事或一句話，就忍不住。別人說你一句好，你就大為歡喜，聽到譏笑、諷刺你的話，你就忍不住了，就要生氣發火了，乃至既不是譏笑，也不是諷刺，批評你一句，就激動了，好心提醒你一句，眼睛就冒火，意思就是你管到我頭上來了。若是這樣的話，這個修行也太沒有功夫，進佛門也白進了。如能入定，即能見空中一切境界。

月船禪師是一位善於繪畫的高手，可是他每次作畫之前，必須要求購買者先行付款，否則絕不動筆，對於他的這種作風，社會人士經常有所微詞。有一天，一位女士請月船禪師幫她作一幅畫。

月船禪師問：「妳能付多少酬勞？」

「你要多少我就付多少！」那女子回答道，「但我要你到我家去當眾揮毫。」

月船禪師允諾跟著前去。

原來那女子家中正在宴客，月船禪師用心為她作畫，畫成之後，拿了酬勞正想離開。這時，那女士對宴桌上的客人說道：「這位畫家只知要錢，他的畫雖好，但心地骯髒，金錢污染了它的善美。出於這種污穢心靈的作品是不宜掛在客廳的，它只能裝飾我的一條裙子。」說完，便將自己穿的一條裙子脫下，要月船禪師在它上面作畫。

月船禪師問道：「妳出多少錢？」

女士答道：「哦，隨便你要多少。」

月船禪師開了一個特別昂貴的價格，然後依照那位女士的要求畫了一幅畫，畫完就立即離開了。

很多人疑惑，為什麼只要有錢就好？受到任何侮辱都無所謂的月船禪師，心裡到底是什麼想法？

原來，在月船禪師居住的地方常發生災荒，富人不肯出錢救助窮人，因此他建了一座倉庫，貯存稻穀以供賑濟之需。又因為他的師父生前發願建寺一座，但不幸其志未成而身亡，月船禪師要完成其志願。

當月船禪師完成這些願望後，立即拋棄畫筆，退隱山林，從此不再作畫。他只說了這樣的話：「畫虎畫皮難畫骨，畫人畫面難畫心。」錢，是醜陋的；心，是清淨的。

有禪心的人，不計人間毀譽，像月船禪師，以自己的藝術素養，求取淨財，救人救世，他的畫不能以一般畫來論，應該稱為禪畫了。因為他不是貪財，他是舍財，可是世間有多少人能懂得這種禪心呢？

還有一個故事可以說明這一點。

有位禪師非常喜愛蘭花，在平日弘法講經之餘，他花了許多時間種蘭。一次他要外出雲遊，臨行前交待弟子要好好照顧蘭花。

禪師走後，弟子們細心護理著蘭花。有一天，一個弟子在澆水時還是不小心將蘭花架碰倒了，蘭花盆全部摔碎了。弟子們非常恐慌，打算等師傅回來後，向師傅賠罪領罰。

不過禪師回來得知此事，不但沒有責怪他們，反而說：「我種蘭花，一是用來供佛，二是為了美化寺裡環境，不是為了生氣而種蘭花的。」

故事中的禪師是懂得生活智慧的人，他懂得「唯有慈悲沒有敵人，唯有智慧沒有煩惱」，他知道種花、養花是讓生活更美好的手段，而不是生活本身，更不是生活的目的。而人們不快樂，常生氣，有煩惱，常常是因為做事太計較得失，而忽略了自己的本來目的。

其實，人生本來就沒有煩惱，或者說原本就不是煩惱。如果你不給自己煩惱，別人也永遠不可能給你煩惱。當了幾年科長之後就想當處長，結果一個資歷比自己差很多的人上去了，你肯定不高興，其實你所處的位置不知有多少人羨慕著，再說處長有處長的煩惱，而且處長的煩惱未必少。

還有的人為錢而煩惱，有了一千想一萬，有了十萬想百萬。可是他們除了想過錢多的得意，有沒有想過錢多也有煩惱呢？錢少的或許沒有錢多的那麼神氣，但錢少的也沒有錢多的那麼多擔憂，平民小戶沒有大富人家對盜賊綁架的擔心，恐怕也少有為爭奪家產使親人朋友反目甚至相殘的悲哀。

我們要學會要求自己，不要把眼睛老盯著別人，在利益面前、名譽面前，在一切好事壞事、吃苦享樂等等面前，總要先檢點自己、要求自己，吃虧上當的事我自己去做，有好事讓給別人，這就是修行，這就是慢慢地在淡化我執，慢慢地在處理我。久而久之，就會變成一種自覺的行為。

此外，還要學會諒解他人。我們總是在千方百計地找對方的不是之處，總覺得對方跟我過不去，總覺得任何人都在與我為敵，有很多事情本來是無意的，但是就有那種小心眼的人總要對號入座，自找煩惱。能夠做到不受外界的影響，常人並不容易做到，但是一旦做到，就不再是常人了。

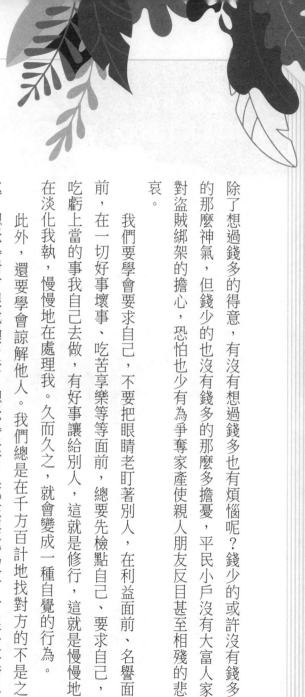

13 把握身邊的幸福

與其生活在理想中，不如面對現實，努力把握住身邊的幸福。

深夜，寺裡一人一佛，佛坐人站。

人：「聖明的佛，我是一個已婚之人，我現在狂熱地愛上了另一個女人，我真的不知道該怎麼辦。」

佛：「你能確定，你現在愛上的這個女人就是你生命裡唯一的最後一個女人嗎？」

人：「是的。」

佛：「你離婚，然後娶她。」

人：「可是我老婆溫柔、善良、賢惠，我這樣做是否有一點殘忍，有一點不道德？」

佛：「在婚姻中，沒有愛才是殘忍和不道德的。你現在愛上了別人已不愛她了，你這樣做是正確的。」

人：「可是我老婆很愛我，真的很愛我。」

佛：「那她就是幸福的。」

人：「我要與她離婚後另娶他人。她應該是很痛苦的，又怎麼會是幸福的呢？」

佛：「在婚姻裡她還擁有她對你的愛，而你在婚姻中已失去對她的愛，因為你愛上了別人，正所謂擁有的就是幸福的，失去的才是痛苦的，所以痛苦的人是你。」

人：「可是我要和她離婚後另娶他人，應該是她失去了我，她應該才是痛苦的。」

佛：「你錯了，你只是她婚姻中真愛的一個具體，當你這個具體不存在的時候，她的真愛會延續到另一個具體，因為她在婚姻中的真愛從沒有失去過。所以，她才是幸福的；而你才是痛苦的。」

人：「她說過今生只愛我一個，她不會愛上別人的。」

佛：「這樣的話你也說過嗎？」

人：「我……我……」

佛：「你現在看你面前香爐裡的三根蠟燭，哪根最亮。」

人：「我真的不知道，好像都是一樣的亮。」

佛：「這三根蠟燭就好比是三個女人，其中一根就是你現在所愛的那個女人。芸芸眾生，女人何止千百萬萬，你連這三根蠟燭哪根最亮都不知道，都不能把你現在愛的人找出來，你為什麼又能確定你現在愛的這個女人就是你生命裡唯一的最後一個女人呢？」

人：「我……我……」

佛：「你現在拿一根蠟燭放在你的眼前，用心看看哪根最亮？」

人：「當然是眼前的這根最亮。」

佛：「你現在把它放回原處，再看看哪根最亮？」

人：「我真的還是看不出哪根最亮。」

佛：「其實，你剛拿的那根蠟燭，就是好比是你現在愛的那個最後的女人。所謂愛由心生。當你感覺你愛她時，你用心去看，就覺得它最亮；當你把它放回原處，你卻找不到最亮的一點感覺。你這種所謂的『最後的、唯一的愛』只是鏡花水月，到頭來終究是一場空。」

人：「我懂了，你並不是要我與我的老婆離婚，你是在點化我……」

佛：「看破不說破，你去吧！」

人：「我現在真的知道我愛的是誰了，她就是我現在的老婆。」

不管怎麼樣，我們都會好好地去努力把握身邊所擁有的一切，細心享受你所擁有的生活，珍愛你所愛的人，把握住看似尋常但卻實實在在的愛。千萬不要漠視眼前的幸福，去追逐「鏡花水月」般的浪漫。

有個年輕美麗的女孩，出身豪門，家產豐厚，又多才多藝，日子過得很好，媒婆也快把她家的門檻給踩爛了，但她一直不想結婚，因為她覺得還沒見到她真正想要嫁的那個男孩。

直到有一天，她去一個廟會散心，在擁擠的人群中，看見了一個年輕的男人，女孩覺得那個男人就是她苦苦等待的人了。可惜，廟會太擠了，她無法走到那個男人的身邊，就這樣眼睜睜地看著那個男人消失在人群中。

在後來的兩年裡，女孩四處去尋找那個男人，但這個人就像蒸發了一樣，無影無蹤。女孩每天都向佛祖祈禱，希望能再見到那個男人。她的誠心打動了佛祖，佛祖顯靈了。

佛祖問：「妳想再看到那個男人嗎？」

女孩說：「是的！我只想再看他一眼！」

佛祖：「妳要放棄你現在的一切，包括愛妳的家人和幸福的生活。」

女孩：「我能放棄！」

佛祖：「妳還必須修煉五百年道行，才能見他一面。妳不後悔？」

女孩：「我不後悔！」

女孩變成了一塊大石頭，躺在荒郊野外，四百多年的風吹日曬，苦不堪言。但女孩都覺得沒什麼，難受的是這四百多年都沒看到一個人，看不見一點點希望，這讓她都快崩潰了。

最後一年，一個採石隊來了，看中了她的巨大，把她鑿成一塊巨大的條石，運進了城裡，他們正在建一座石橋，於是，女孩變成了石橋的護欄。

就在石橋建成的第一天，女孩看見了，那個她等了五百年的男人！他行色匆匆，像有什麼急事，很快地從石橋的正中間走過了。當然，他不會發覺有一塊石頭正目不轉睛地望著他。男人又一次消失了。

再次出現的是佛祖。

佛祖：「妳滿意了嗎？」

女孩：「不！為什麼？為什麼我只是橋的護欄？如果我被鋪在橋的正中，我就能碰到他了，我就能摸他一下！」

佛祖：「妳想摸他一下？那妳還得修煉五百年！」

女孩：「我願意！」

佛祖：「妳吃了這麼多苦，不後悔？」

女孩：「不後悔！」

女孩變成了一棵大樹，立在一條人來人往的道上，這裡每天都有很多人經過，女孩每天都在近處觀望。但這更難受，因為無數次滿懷希望的看見一個人走來，又無數次希望破滅。要不是有前五百年的修煉，相信女孩早就崩潰了！

日子一天天地過去，女孩的心逐漸平靜了。她知道，不到最後一天，他是不會出現的。又是一個五百年啊！最後一天，女孩知道他會來了，但她的心中竟然不再激動。

來了！他來了！他還是穿著他最喜歡的白色長衫，臉還是那麼俊美，女孩癡癡地望著他。這一次，他沒有急匆匆地走過，因為，天太熱了。他注意到路邊有一棵大樹，那濃密的樹蔭很誘人。休息一下吧！他這樣想。他走到大樹腳下，靠著樹根，微微地閉上了雙眼，他睡著了。

女孩摸到他了！他就靠在她的身邊！但是，她無法告訴他，這千年的相思。她只有盡力把樹蔭聚集起來，為他擋住毒辣的陽光。千年的柔情啊！男人只是小睡了一刻，因為他還有事要辦，他站起身來，拍拍長衫上的灰塵，在動身的前一刻，他回頭看了看這棵大樹，又微微地撫摸了一下樹幹，大概是為了感謝大樹為他帶來清涼吧。然後，他頭也不回地走了！

就在他消失在她視線的那一刻，佛祖又出現了。

佛祖：「妳是不是還想做他的妻子？那妳還得修煉。」

女孩平靜地打斷了佛祖的話：「我是很想，但是不必了。」

佛祖：「哦？」

女孩：「這樣已經很好了，愛他，並不一定要做他的妻子。」

佛祖：「哦！」

女孩：「他現在的妻子也像我這樣受過苦嗎？」

佛祖微微地點點頭。

女孩微微一笑：「我也能做到的，但是不必了。」就在這一刻，女孩發現佛祖微微地歎了一口氣；或者是說，佛祖輕輕地鬆了一口氣。

女孩有幾分詫異：「佛祖也有心事？」

佛祖的臉上綻開了一個笑容：「因為這樣很好，有個男孩可以少等一千年了，他為了能夠看妳一眼，已經修煉了兩千年了。」

真正的愛，應該是沒有條件的，發自內心的，矢志不渝的。如果限定的條件太多，就會因條件的變化而改變，那就稱不上是真愛。

婚姻生活不能不講究緣分。如果沒有緣分，即使你費盡千辛萬苦，苦苦追尋，幸福也不會持久。與其生活在理想中，不如面對現實，努力把握住身邊的幸福。

14 寬恕是種心理平衡

雖然寬恕無法改變過去，卻能夠改變未來。只有那種既往不咎、懂得寬恕的人，才能甩掉沉重的包袱，大踏步地前進。

在一個禪堂裡面發現了一個小偷，大家都認為這個小偷的行為是不可原諒的，紛紛要求堂主開除他。堂主聽後點了點頭，但並沒有予以處理。

這個小偷見自己的行為沒有引起嚴重後果，於是再度出手，大家第二次請求堂主把他趕走，堂主還是點點頭，依然沒有處理。第三次，小偷又偷東西了，這次大家很生氣地說：「如果不把這個小偷趕出清淨的禪堂，我們就要統統離開了。」

堂主大和尚一聽，說道：「那好吧，你們統統離開，這個小偷留下來。你們都是健全的人，離開以後依然能找到容身之處，而這個偷竊的人畢竟身心不健全，我叫他走，他能到哪裡去呢？我這個禪堂就是佛門的慈悲馴服之地，我都不能包容他，這世間哪裡還能包容他呢？」小偷一聽，頓時感悟，從此洗心革面。

從上面這個故事中體會到，就是在包容中感情的成分和理性的成分並重，而且有時候感情的成分會更大一些。也就是說，在佛陀的教化中，對人心的洗滌比牢記戒律、規矩更加重要，寬恕的力量遠比排斥和壓制偉大得多。正所謂「浪子回頭金不換」，下面的這個故事足以震撼我們。

有一個風流浪子，二十年前曾是廟裡的小沙彌，深得方丈寵愛。方丈將自己畢生所學全部傳授給他，希望他能成為佛門弟子。但他卻有一天動了凡心，偷偷跑下山，從此花街柳巷，放浪形骸。

二十年後的一個深夜，他從夢中驚醒，皎潔的月光灑在他的身上，他懺悔了，於是穿上衣服，快馬加鞭趕到寺廟，找到方丈說：「師父，你肯饒恕我，再收我做弟子嗎？」

方丈見到自己曾經寵愛的弟子如今竟是這般模樣，歎了口氣，搖搖頭：「不，你罪過深重，要想得到佛祖的饒恕，除非……」方丈信手一指供桌，「連桌子也會開花。」浪子失望的離開了。

第二天早上，方丈做完早課，來到佛堂卻嚇呆了。供桌上開滿了大簇大簇的花朵，佛堂裡沒有風，那些盛開的花朵卻搖的厲害。方丈在瞬間大徹大悟，於是連忙下山尋找，可已經來不及了，浪子心灰意冷，重新墮入了他過去的生活。

供桌上的花，只短短的開了一天。

夜裡，方丈在悔恨中圓寂了，臨終的時候說了下面這段話：「這世上，沒有什麼歧途不能回頭，沒有什麼錯誤不可以原諒。一個真心向善的念頭，是最罕見的奇蹟，好像佛桌上開的花。而讓奇蹟消失的，不是錯誤，是一顆不肯相信、不肯寬恕的心。」

方丈因為沒有做到對弟子的「寬恕」，所以，只能在悔恨中死去，而方丈最後說的幾句話，道出了「寬恕」對一個改過自新的人是何等的重要，最後他明白了，沒有什麼是不可以回頭的，也沒有什麼是不可以原諒的，但沒有做到。佛家講眾生平等，人人皆是佛，就是要人們在與人交往中能夠做到待人以寬，能夠原諒和理解他人。

有一個部落把「寬恕」作為一種儀式。當有人犯錯的時候就會被帶到村子中央，接受眾人的讚美。整個部落的男女老幼都停下手裡的工作，將罪人團團圍住，輪流列舉他做過的好事，歌頌他的善行和美德，每一個細節都不遺漏。儀式最終發展成一個歡迎的慶典，大家歡迎犯錯的人回到團體中。

把懲罰化為溫暖，把傷害變成祥和，把排斥變為寬恕，這的確是一件非常美妙的事情。犯錯的人沒有被排斥，沒有受打擊，整個部落重新團結成為一個整體。我們完全有理由相信，雖然寬恕無法改變過去，卻能夠改變未來。只有那種既往不咎、懂得寬恕的人，才能甩掉沉重的包袱，大踏步地前進。下面這幾位歷史名人的行為就很值得我們借鑑。

宋代的王安石當宰相的時候，因為蘇東坡與他政見不同，便藉故將蘇東坡降職減薪，貶官到了黃州。然而，蘇東坡胸懷大度，根本不把這些事放在心上，更不念舊惡。

王安石從宰相位子上垮臺後，兩人的關係反倒好了起來。蘇東坡不斷寫信給隱居金陵的王安石，或共敘友情，或討論學問，互相勉勵，十分投機。

蘇東坡由黃州調往汝州時，還特意到南京去探望王安石，結果受到了熱情接待，二人結伴同遊，促膝談心。

臨別時，王安石囑咐蘇東坡：「將來告退時，要來金陵買一處田宅，我好與你永做睦鄰。」蘇東坡也滿懷深情地感慨說：「勸我試求三畝田，從公已覺十年遲。」就這樣，二人一掃嫌隙，成了知心好朋友。

相傳唐朝宰相陸贄，在職時曾聽信讒言，認為太常博士李吉甫結黨營私，便把李吉甫貶到了明州做長史。不久之後，陸贄被罷相，被貶到了明州附近的忠州當別駕。

後任的宰相明知李、陸之間有私怨，卻玩弄權術，故意提拔李吉甫為忠州刺史，讓他去當陸贄的頂頭上司，意在透過李吉甫之手把陸贄除掉。不料，李吉甫不記舊怨，上任伊始，便與陸贄飲酒結歡，使那位現任宰相的「借刀殺人」之計成了泡影。對此，陸贄自然深受感動，他便積極出謀劃策，協助李吉甫把忠州治理得一天比一天好。

古往今來，不計前嫌、以寬恕為上，進而化敵為友的佳話真是不勝枚舉。人活於世，最難得的就是將心比心。誰沒有過錯呢？當我們有對不起別人的地方時，是多麼渴望得到對方的諒解啊！是多麼希望對方能把不愉快的往事忘記啊！既然我們都有這樣的想法和願望，那麼為什麼不能用寬恕的胸懷去理解他人呢？

記得有一位朋友說過：「我只記著別人對我的好處，忘記了別人對我的壞處。」因此，這位朋友很受大家的歡迎，擁有很多摯友。

樂於寬恕是一種心理平衡，老是「念念不忘」別人的「壞處」，實際上深受其害的是自己的心靈，使得自己痛苦不堪，何必呢？這種人，輕則自我折磨，重則可能導致瘋狂的報復。

人的確需要有點「不念舊惡，寬恕為上」的精神，況且在人與人之間，許多情況下人們誤以為「惡」的，其實未必就是什麼「惡」。退一步來說，即使是「惡」，如果對方心存歉意，而你不念惡，禮義相待，進而對他格外地表示親近，也會使為「惡」者感念你真誠，棄「惡」從善。

對自己有恩、幫助過自己的人，我們要牢牢記住，並時刻想著去回報他人；而對自己有過傷害、有愧於我們的人，我們則要以寬廣的胸懷包容往日的恩怨，不以勢壓人，不落井下石，不計前嫌，著眼於將來。這樣才會使我們具有更多的人格魅力，這才是一個人成功立業的有力保障。

15

兼善而不獨善

世界上還有什麼比刀槍武器、權位勢力更有力量和震撼力呢？那就是慈悲，一顆兼善天下、包容萬物的慈悲之心。

在釋迦牟尼佛的本生傳記中記載著這樣一個故事：

從前，有一條毒龍用偽裝出來的善良取得了國王的信任，漸漸地，毒龍暴露出了兇惡的本性，不但每天吃很多牲口，還會吃人。這件事被附近山裡的一隻獅子和大象知道了，獅子對大象說：「毒龍這麼兇惡，如果不除掉牠，全國的百姓就會遭殃。我想去除掉牠，又怕我不是牠的對手，希望你能和我一起去。」

大象回答說：「除掉牠的意思不就是殺死牠嗎？殺死別人，我們是要償命的！」獅子反駁道：「可是如果我們不殺死牠，牠就會吃掉全國的百姓！難道你忍心看著全國的百姓被吃掉，讓毒龍犯下彌天大罪嗎？由於我們擔心自己被牽連，而枉送了全國百姓的性命，這個罪業更大啊！」

大象被獅子的一席話說服了，跟著獅子進了城。

這時，毒龍正要吃人，大象立即撲上去用鼻子捲住毒龍的前爪，獅子跳到毒龍的背上張口就咬，牠們打得天昏地暗、血肉橫飛，最後獅子和大象終於殺死了毒龍，但是牠們也在戰鬥中犧牲了。

獅子和大象的英勇行為換來了全國百姓的生命安全，也讓國王認識到了自己的錯誤，懺悔自己的罪孽。

這個「獅象殺龍救一國」的故事原見於《六度集經》卷六，據說獅子是釋迦牟尼佛的化身，大象是彌勒菩薩的化身。這個故事清楚地告訴我們，行善者的慈悲之心是對眾生而言的，包容所蘊涵的深意是「兼善」而不是「獨善」。

大象最初是不願意去殺死毒龍的，因為在牠看來，殺死別人是要償命的，而「不殺生」是佛教第一要戒，所以大象並不想為了毒龍而打破自己的戒律，為自己的修行帶來後患，這就是我們所說的「獨善」。但是，獅子認為「殺生」只是為了消除大害的一種先經嚴格界定、後再謹慎行之的手段，絕不是目的。

為民除害是為普渡眾生提供一種安全保障，對那些害人、吃人的惡魔是必須應該予以剷除的。由此看來，獅子的慈悲之心要比大象包容得多，也就是「兼善」。

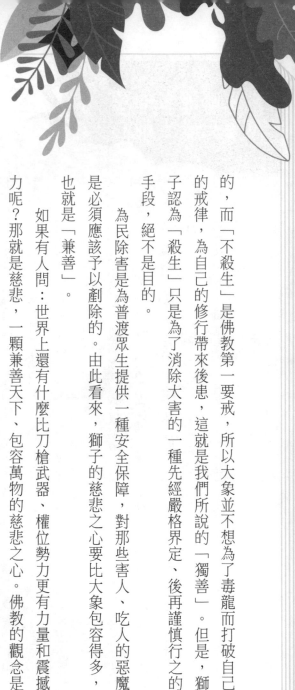

如果有人問：世界上還有什麼比刀槍武器、權位勢力更有力量和震撼力呢？那就是慈悲，一顆兼善天下、包容萬物的慈悲之心。佛教的觀念是「無緣大慈，同體大悲」，以慈悲本懷對待一切眾生。在佛教中，對於慈悲的解釋是：慈者給眾生快樂，使他們幸福；悲者拔眾生苦，使他們離苦得樂。

慈悲力量威猛無比，遠勝一切武器。武器只能威嚇人於一時，而慈悲的力量卻能綿延至遠，無窮無盡。武器只能制服人的行為，無法改變人內心的邪念，而慈悲卻能震撼人的心靈，淨化人的身心。人類在之所以揮動武器，策動戰爭，主要是因為內心的貪與嗔，而慈悲卻能消除人心的貪嗔。慈悲才是最好的武器。對於這一點，下面這個故事足以說明。

有一次夢窗國師搭船過河，當船正要離岸時，一位帶著佩刀、拿著鞭子的將軍站在岸邊大喊：「等一下，載我過去！」

全船的人都說：「船已經開了，不可以再回頭。」

夢窗國師說：「船家，船還沒有走多遠，給他方便，回去載他吧。」撐船的人看到是一位出家人說情，就掉回頭去讓將軍上了船。不料，這位將軍一上船，看到夢窗國師，就拿起鞭子邊抽打邊說：「和尚！閃到一邊去，把座位讓出來！」

鞭子重重地打在夢窗國師的頭上，血頓時流了出來，而夢窗國師卻一言不發地把位子讓了出來，大家看了都非常害怕。船開到對岸，夢窗國師跟著大家下了船，走到江邊，默默地把頭上凝結的血塊洗掉。

蠻橫的將軍看到這個情景，感覺很對不起夢窗國師，就上前跪下懺悔，夢窗國師卻心平氣和地說：「不要緊，出門在外，人的心情總是會急躁些的。」

看到這裡，我們不禁要捫心自問一下了：我們好心好意為別人謀得了便利，結果對方卻拳腳相加；即使沒有幫助別人，在我們沒有蓄意滋事的前提下，別人卻對我們橫加指責。面對這樣的情況，我們的心情如何？我們又會做出怎樣的反應呢？

當我們想清楚這些之後，再來看看夢窗國師是用什麼力量降服了這位驕傲蠻橫的將軍的。答案很明顯，就是慈悲的力量，而且是兼善天下的慈悲力量。倘若夢窗國師一心「獨善」，那麼他完全沒有必要勸導船家掉頭回去，因為船也離岸，有沒有人上船與他沒有關係，這樣也就不會被打了。不過，我們不能忽略的一點是，如果不是「兼善天下」的慈悲之心促使夢窗國師做出這番舉動的話，那位跋扈的將軍是永遠不會得到警醒和感化的，慈悲的力量又何以表現呢？

日本空也上人出外弘法，經過一條山路時，遇到幾個兇狠的強盜，拿刀向他討要過路費。空也上人看了之後，不覺掉下眼淚，強盜們一看哈哈大笑：「這麼一個貪生怕死的出家人。」

空也上人回答說：「我是想到你們，年輕力壯不做有意義的事情，卻成群結黨去打家劫舍，眼看就要墜入地獄去受苦，卻還不自知。我是替你們著急才會流下眼淚。」

強盜們聽到空也上人如此慈悲的話語，終於拋棄了貪嗔之心，後來成為空也上人的弟子。

空也上人完全可以求得一身安寧，交出錢財以保平安，然而他卻沒有這麼做，而是懷著普渡眾生的仁慈來開導強盜。正是慈悲的力量化嗔恨為和平，化暴戾為祥瑞。在「兼善」的慈悲面前，無論多麼強暴鬥狠的土匪強盜，也會被感化成柔順善良的百姓，慈悲的力量真是無堅不摧、無難不克。

社會是大家的，社會的和諧發展需要每個人的維護，我們都有慈悲為懷的責任和義務，擁有一顆兼善天下而不是獨善其身的包容之心，只有慈悲濟世的社會實踐，才能完善自己的人格，提升自己的境界，實現自己的生命價值，進而推動整個社會文明的進步和發展。

16 寬容是種氣度

凡事以對立的心態對待，嘮叨、抱怨就會永無斷絕，如此便難以寬容的心來原諒和接受他人的不同見解，於是就很難活得快樂、自在。

玄奘《大唐西域記》記載了這樣一個有趣的故事：

佛陀去世一千年後，印度健馱羅出現了一位名叫如意的論師，少年好學，才辯超群，僧俗二道對之極為敬仰。那時，健馱羅國王的名字叫超日王，喜歡佈施，常聚有餘以給不足。又好騎馬打獵，遊戲玩樂。

有一次，國王打獵時圍住了一頭野豬，卻終於被那野豬逃走了，不知去向。國王於是發佈文告說：「有尋知野豬蹤跡者，賞金錢一億。」這樣的賞賜應該說是極重的了；但與如意論師相比便算不上什麼。如意論師有

人生哪能多如意 萬事只求半稱心

一慣例，凡請人剃頭一次，便賜給金錢一億。

健馱羅國的史臣覺得把這兩件事記在一起肯定會很有趣，便在史書上同時記錄下來。後來國王翻閱史書，見到了這兩條記載，心裡立即不悅起來，認為自己受到了如意論師的羞辱。他想：自己尋野豬賞錢一億不過是偶爾一次；和尚的頭卻是常剃的，如意論師每次都賞給理髮匠一億，這不是說他一個出家和尚比我堂堂國王還富有嗎？真是氣煞我也！

自此之後，健馱羅國王心中怏怏不樂，總想藉機侮辱如意一番，以洩心頭之恨。

如何侮辱如意論師呢？如意既然是位文化人，健馱羅國王便謀策動用文化界的力量，向如意論師發難。他暗中召集了一百位外道學者，都是學富德高之輩，準備利用他們與如意論師進行辯論。

諸家外道早就對佛教嫉恨萬分，見有此良機，當然與健馱羅國王一拍即合，要與如意論師一比高低。於是，健馱羅國王立即派人送信，請如意論師前來論辯。如意論師不知就裡，對辯論也不以為然，想也不想，便跟著國王的信使赴會來了。

辯論開始，健馱羅王宣佈說：「這裡的外道論師都是教中精英，如意論師則是沙門中的名流長者。今日這番辯論，如意論師如勝，本王當盡力崇敬佛法；如意論師若敗了，本王也就不客氣，要驅逐屠戮沙門了。請各位好自為之。」

如意論師這才知道此番辯論原來是衝自己來的，遂收起輕敵之心，與外道論師進行辯論。結果，如意論師果然大發雄辯之威，不一時便將百名外道中的九九位盡數駁倒，只有一人仍然下席來與他爭辯。

如意一看此人也沒什麼了不起，便按著自己所思所想，侃侃而談，毫不停滯，視那位外道論師如無物。那位外道見根本插不上話，便只好站在邊上聽。

後來如意論師談及煙與火的問題，先說了火，而後才說了煙，與人們先談煙後說火的說法有異。那位外道論師便大聲嚷道：「如意論師辭義有誤，有煙必有火，此是常理。如意論師卻先火而後煙，犯了常識性的錯誤。」健馱羅王眼看自己的圖謀就要成空，看到有此時機，便不顧身分，也大聲嚷嚷：「如意錯了，如意錯了。」

實際上，如意並沒有錯。別人說有煙必有火，是從結果反推原因；如意說有火才有煙，是從原因順推結果，兩種說法當然都成立。但如意論師已經沒有辯解的機會，當他想要為自己的立論作解釋時，健馱羅國王和眾位外道卻認為自己一方已經獲勝，亂哄哄地慶祝起來，根本沒人聽聽如意要說什麼了。如意論師氣恨至極，恥於見辱，便咬斷舌根，自殺而死了。

如意論師可能是佛教僧侶中死得最冤的一位了，其死因不過是由於健馱羅王的嫉恨。實際上，健馱羅王對整個佛教並沒有一點成見，即使是對如意論師本人在學術上的成就，此王也極為佩服。這是有證據的。據說，後來世親為雪如意論師之恥，曾求健馱羅王再次舉行辯論，那時，健馱羅王便公開宣稱如意論師是位「哲人」了。

所以，如意論師之死，不過是因為他常賜億金於人，因此招致了國王的嫉妒。在王權超越一切的時代，任何一種容易引起國王氣憤的行為都是非常危險的，如意之死也就可以想見了。

在生活中要盡量保持謙卑的心態，要寬厚待人、低調處世，千萬不可過於張揚和招搖，不然就易遭他人的嫉妒，甚至是阻撓和破壞。

17 心空方能生妙有

茶杯空了才能裝茶；口袋空了才能放得下錢。唯有把心放空，讓心柔軟，這樣我們才能包容萬物、洞察世間。

有一位禪師把寺廟建在一個道觀旁邊，道士們自然很不高興了。那些道士也不簡單，他們會法術，時常呼風喚雨，結果把寺廟裡面年輕的沙彌都給嚇跑了，只有禪師一人一點也不為所動。禪師一住就是二十年，道士們最後沒辦法，決定把道觀搬到別的地方去。

有人問禪師：「你怎麼能贏過那些會法術的道士呢？」

禪師說了一個字：「無。」

「無」怎麼能贏呢？

禪師解釋說：「道士們有法術有神功，但他們哪裡知道，『有』是有窮有盡，有量有邊的，有了之後就漸漸沒有了。而我呢？是『無』，『無』就是無窮無盡，無量無邊，所以我當然能勝過他們。」

禪師的話令人深省，事實也確實如此：所謂「有」終究會有耗盡的那一天，而「無」則是沒有盡頭的，要把「有」和「無」真正地調和起來，就是用「空」來調和了。所以，「空」才能擁有，才能包容萬物。讓我們來看一個「心空方能生妙有」的例子。

有一天，一位信徒向禪師說：「師父，我不想活了，我經商失敗，無法應付債主們討債，只有一死了之了。」

「難道就沒有別的出路了嗎？」

「我已經山窮水盡了，家裡只有一個年幼的女兒了。」

禪師說：「我有辦法幫你解決，但是你要把你的女兒嫁給我。」

信徒大驚失色：「師父，您是在開玩笑嗎？您可是我師父啊！」

禪師揮揮手說：「你趕緊回去宣傳這件事，迎親那天我就到你家來，做你的女婿。」這位信徒只好照辦。

迎親那天，看熱鬧的人把信徒家裡擠得水洩不通。

禪師抵達後，吩咐人在門口擺一張桌子，上置文房四寶，圍觀的人都覺得稀奇，紛紛過來觀看。禪師安安穩穩坐下，輕鬆自在地寫起了書法，一會兒工夫就擺了一桌子楹聯書畫。大家看禪師的字畫不錯，爭相欣賞，反而忘了今天是來幹什麼的。結果，禪師的字畫不到一刻鐘就被搶購一空。

禪師指著桌子上的錢，對信徒說：「這些錢夠你還債了嗎？」

信徒邊叩頭邊說道：「夠了，夠了！師父您真是神通廣大！」

禪師輕拂長袖說：「好啦！問題解決了，我也不做你的女婿，還是做你的師父吧。」

萬變不離其宗，這就是「心空方能生妙有」的道理。其實，「空」的哲學，並不是佛教獨有的思想，我們要把佛學中「空」的哲學融入到人們的日常生活中，這種融合該如何實現呢？答案很簡單，就是要求人們「心空」，即平和自己的心態，使心靈安詳下來，這樣才會生出「妙有」。在這個世界上沒有什麼問題是解決不了的，只要人們肯靜下心來，定下神

人生哪能多如意
萬事只求半稱心

來，傾聽自己的內心，懂得「心如虛空」的妙用，一切都會變得美好起來。

一個人活在世上，目的不盡相同，都是在追求自己的幸福。那麼，到底什麼才是真正的幸福呢？所有的人都渴望幸福並追求幸福，但人們往往忽略了幸福其實只是點點滴滴的心靈感受。

人，不管物質生活充實還是貧乏，只要他心裡安詳，悟到心空，就是在過幸福的生活。不管他身處在什麼樣的地位，過著什麼樣的生活，如果心裡紊亂不安，被亂七八糟的念頭所充斥，那麼這種生活就無異於對生命的一種煎熬。

《左傳》中的楚武王就是最有力的證據。

一日，楚武王對愛妃鄧曼說：「餘心蕩」。意思是說，我最近心裡亂得很，安定不下來，心裡非常煩亂。

愛妃鄧曼回答道：「王心蕩，王祿盡矣。」意思是說，既然你失去了內心的安詳，那麼你所擁有的一切也將會喪失了。果然，沒有多久楚武王就去世了。

很明顯，人只有活在安詳裡才是真正的幸福，人若能生活在安詳的心態裡，就擁有了永不枯竭的幸福泉源，幸福就會永遠追隨著你。同時，「心空」也是一種榮辱不驚的心態，清朝的鄭板橋足以向我們證實這一點。

乾隆元年，鄭板橋考中進士，做了知縣。他在任時，剛正不阿、豁達開朗、清正廉潔，對人民的苦難生活十分同情，並且不滿意於那些殘害人民的官僚，終因得罪貪贓枉法的大官員和豪紳而去職。

鄭板橋在官場中出污泥而不染，官職被免後回到揚州，心扉平靜如水，並深深渴望還鄉後漫步於一方淨土之上，盡情享受充滿靈性的大自然，從中感受大自然賦予自己的愜意和安詳，體悟生活的樂趣和生命的真實。

與人爭名逐利，不如守拙歸園田的恬淡輕鬆；與人比權量力，不如度人自度的豁達明朗。這種曠達超然、不為物欲所累的人生態度，正是因為鄭板橋真正悟透了「心空方能生妙有」的人生真諦，所以他一生生活得無拘無束，清心自在，愜意安樂。

做人一定要擺正自己的位置，知道人生潮起潮落的規律，始終擁有平和的心態，永不丟失自己謙虛謹慎和努力勤奮的本色。順境時能夠正確對待別人的讚譽，逆境時能夠冷靜看待別人的詆謗，這樣才能安然度過人生的困境，也不至於陷入驕兵必敗的泥潭。

不要身處順境就狂妄得忘了自己是誰，而一旦身處逆境就情緒低落，萬念俱灰，否則的話，失敗和痛苦肯定會經常伴隨自己。人對於生死、得失、榮辱、富貴、貧賤等等不要看得過重，要克制、忍耐人性中的缺點，豁達地對待這些問題。

唯有內心的安詳，才是我們所尋覓、追求的無價奇珍。只要人有了「心空」的感受，才是真正的享受生命，從一天到一年，從一年到一生，都能夠仰俯無愧，心安理得，活得踏實，感受安詳，活在至真、至善、至美當中，這才是人生的最大幸福。

18

斤斤計較是禍根

況且許多都是微不足道的小事，我們為何還要如此頑固，經常為小事和別人爭執呢？

從前，在一個小村莊裡住著一個老人和女僕以及一頭公羊。勤儉認真的女僕聽從主人的吩咐熬煮麥豆，但那隻公羊卻常常趁著四下無人時偷吃麥豆。不明究理的主人，發現麥豆很快就沒了，以為是女僕私自偷吃，所以常對女僕大動肝火。幾次下來，一肚子委屈的女僕對公羊的厭惡和懷疑與日俱增。

從此以後，女僕只要一見到公羊，就揮舞起木棒，不由分說地直追猛打，公羊為了保護自己，使用頭上的羊角反守為攻。於是，家裡天天上演人羊大戰，火藥味一天比一天濃。

這天，女僕忙著生火熬麥豆，手裡拿著帶有火星的火種。公羊見女僕手上沒拿木棒，便低頭用角對準女僕飛奔突襲，驚慌失措的女僕情急之下將火種全撒在了羊背上。

火星接觸到乾燥易燃的羊毛，緩緩蔓延，燃起細小的焦煙，又爆發出火苗，燥熱與痛楚使公羊拔腿向屋外狂奔。牠足跡所到之處，不論村莊、山間、田野都成了熊熊火海。

原本清淨秀麗的村莊，一時間斷壁殘垣、面目全非，而這只因為人們的斤斤計較。這個故事帶給人們的教訓是：不應該執取，不能計較於小事，否則就會像女僕和公羊一樣，怨恨衝突不休，讓其他不相干的人都陷入無法挽回的境地。

人生哪能多如意 萬事只求半稱心

經常有人頗為無奈地說：「我們可以躲開一頭大象，卻躲不開一隻蒼蠅。使我們不快樂的常常是一些芝麻小事。」在人生的道路上，我們往往能勇敢地面對生活中那些重大的危機，卻常常被一些微不足道的小事弄得心煩意亂，被芝麻小事纏繞得苦不堪言，下面故事中的白雲禪師就深受此苦。

有一次，白雲禪師和師父方會禪師對坐。方會問：「聽說你以前的師父靈喻和尚大悟時說了一首詩，你還記得嗎？」

白雲答道：「記得，記得。那首詩是：我有明珠一顆，久被法牢關鎖，一朝法盡光生，照破山河星朵。」白雲語氣中不免有幾分得意。

方會一聽，大笑數聲，一言不發地走了。

白雲當場愣住，不知道師父為什麼笑。他心裡很愁悶，整天都在思索師父的笑，卻怎麼也找不出原因。那天晚上，他輾轉反側，怎麼也睡不著。

第二天，白雲實在忍不住了，大清早就去問師父為什麼笑。

方會禪師笑得更大聲了，對弟子說：「原來你還不如一個小丑，小丑都不怕人笑，你卻怕人笑。」白雲聽了，豁然開朗。

其實仔細想一想，真的都不是什麼大不了的事，方會禪師的笑也許根本就沒有任何意思，但是白雲卻為此失眠了一整夜，豈不可笑？我們總是專注於一些小問題和憂慮，結果把問題過度放大了。不管是排隊、聽不公平的批評，還是分擔工作，如果我們學會不為小事斤斤計較，就可以獲得莫大的回報。

比如，有個陌生人在馬路上突然超車插到我們前面。對於這樣的小事，我們不但無法釋懷，做自己應該做的事，反而確信自己應該生氣。我們在心中上演一齣假想的衝突，之後可能還會把這件事告訴別人，無法一笑置之。

我們可以試著同情一下這個人，也許他真有急事才如此匆匆忙忙。這樣一來，我們既可以維持自己內心的平衡，又可以避免把別人的問題攬到自己身上。

我們的日常生活中每天都有許多類似的「小事」，大多數人「斤斤計較於小事」而浪費寶貴的生命，完全錯失了生命的神奇與美妙。所以說，我們不應該讓小事絆住前進的腳步，不要讓瑣碎的煩惱浪費我們寶貴的時光。

人生哪能多如意
萬事只求半稱心

有一天，獅子來到天神面前說：「我很感謝您賜給我如此雄壯威武的體格、如此強大無比的力氣，讓我有足夠的能力統治這座森林。」

天神聽了，微笑著問：「但這不是你今天來找我的目的吧！看來你似乎為了某事而困擾呢！」

獅子輕輕吼了一聲，說：「我今天來的確是有事相求。因為儘管我的能力再大，但是每天雞鳴的時候，我總是會被嚇醒。天神啊！祈求您，再賜給我一種力量，讓我不要再被雞鳴聲嚇醒吧！」

天神笑道：「你去找大象吧，牠會給你一個滿意的答覆的。」

獅子興匆匆地跑到湖邊找大象，還沒見到大象，就聽到大象跺腳所發出的「砰砰」聲。獅子加速地跑向大象，卻看到大象正氣呼呼地直跺腳。

獅子問大象：「你為什麼發這麼大的脾氣呀？」

大象拚命搖晃著大耳朵，吼道：「有一隻討厭的小蚊子，總想鑽進我的耳朵裡，我都快癢死了。」

獅子離開了大象，心裡暗自想著：「原來體型巨大的大象，還會怕那麼瘦小的蚊子，那我還有什麼好抱怨呢？畢竟雞鳴也只不過一天一次，而蚊子卻是無時無刻不在騷擾大象啊。這樣想來，我可比他幸運多了。」

獅子一邊走，一邊回頭看仍在跺腳的大象，心想：「天神要我來看看大象的情況，應該就是想告訴我：誰都會遇上麻煩事，而他並無法幫助所有人，既然如此，那我只好靠自己了！以後只要雞鳴，我就當做是公雞在提醒我該起床了，這麼一想，雞鳴聲對我還算是有益處呢！」

獅子前後截然不同的反應使我們明白了，生活少不了放輕鬆，可是偏偏很多人把生活看得太嚴肅，以至於經常為了小事而抓狂。其實，生活中的許多苦悶、煩惱，大多源於自己容易生氣，不懂得放鬆心情，遇事愁眉苦臉或咬牙切齒，日子當然不快樂。

做人要有度量，凡事不要斤斤計較，一個人只要經得起被佔便宜，任何困難都能迎刃而解。我們來看一個現實中的例子。

味丹企業集團總裁楊清欽靠開雜貨店起家。當時他在沙鹿市場開了一家只有四坪大的雜貨店，不但一天之內創下賣出一百箱味精的記錄，而且每月的營業額相當於二十六家雜貨店營業額的總和。

當時開雜貨店，難免有賒欠的情況，可是楊清欽既不催討，也不給人臉色看。就算碰到拖欠不還，也當是行善助人，毫不計較。

由於他這種「經營哲學」，使得很多拖欠的顧客自慚形穢，不但有錢趕緊償還，而且還主動為楊清欽介紹顧客，這就是他生意興隆的主要緣故。

楊清欽說：「無論做人處事，或是經營企業，不要斤斤計較始終是我的原則之一。」

人生在世，不過短短數十載，很多事就如同過眼雲煙一般，根本不值得掛念。況且許多都是微不足道的小事，我們為何還要如此頑固，經常為小事和別人爭執呢？

人生應當寬宏大度，凡事都斤斤計較就沒意思了，只會給人帶來煩惱，美事反為不美，好事反成不好。事事計較，吹毛求疵，惹人生煩，久而久之，朋友遠之，親人疏之，無親無友無情趣，斤斤計較是禍根啊。

19 知足方能快樂

人能知足，就不會有貪心；不會有貪心，就是功德。人知足就常樂，不知足就常苦、常憂。若想要得到福報，脫離種種苦惱，就要懂得知足。

人之所以有煩惱，就在於不知足，整天在慾望的驅使下，忙忙碌碌地為所謂的「幸福」追逐、焦灼、勾心鬥角，結果卻並非所想。其實，人生在世，貴在懂得知足常樂，要有一顆豁達開朗的心，在繽紛多變、物欲橫流的生活中，拒絕各種誘惑，心境變得恬適，生活自然就愉悅了。

從前，菩薩是一個大國的國王，名叫察微。有一次，察微王穿著粗布衣服，去巡視民情。他看到一個老頭正在愁眉苦臉地補鞋，就問他說：「天下的人，你認為誰是最快樂的？」

老頭不假思索地回答：「當然是國王最快樂了，難道還是我不成？」

察微王問：「他怎麼快樂呢？」

老頭回答道：「百官尊奉，萬民貢獻，想要什麼，就有什麼，這當然很快樂了。哪像我整天要為別人補鞋子，這麼辛苦。」

察微王說：「那倒如你講的。」

於是，他便請老頭喝葡萄酒，老頭醉得毫無知覺。察微王讓人把他抬進宮中，對宮中的人說：「這個補鞋的老頭說做國王最快樂。我今天和他開個玩笑，讓他穿上國王的衣服，聽理政事，你們配合一點。」

宮中的人說：「好！」

老頭兒酒醒過來，侍候的宮女假意上前說道：「大王醉酒，各種事情積壓下許多，應該去理政事了。」

眾人把老頭帶到百官面前，宰相催促他處理政事，他懵懵懂懂，東西不分。史官記下他的過失，大臣又提出意見。他整日坐著，身體酸痛，連吃飯都覺得沒味道，也就一天天瘦了下來。

宮女假意地問道：「大王為什麼不高興呀？」

老頭回答道：「我夢見我是一個補鞋的老頭，辛辛苦苦，想找碗飯吃，也很艱難，因此心中發愁。」

眾人莫不暗暗好笑。

夜裡，老頭翻來覆去睡不著覺，說道：「我究竟是一個補鞋的老頭呢？還是一個真正的國王？要真是國王，皮膚怎麼這麼粗？要是個補鞋的老頭又怎麼會在王宮裡？是我的心在亂想，還是眼睛看錯了？一身兩處，不知哪處是真的？」

王后假意說道：「大王的心情不愉快。」便吩咐擺出音樂舞蹈，讓老頭喝葡萄酒。

老頭又醉得不知人事。

大家給他穿上原來的衣服，把他送回原來的破床上。老頭酒醒過來，看見自己的破爛屋子，還有身上的破舊衣服都和原來一樣，全身關節疼痛，好像挨了打似的。

幾天之後，察微王又去看老頭。

老頭說：「上次喝了你的酒，就醉得不曉人事，到現在才醒過來。我夢見我做了國王，和大臣們一起商議政事。史官記下了我的過失，大臣們又批評我，我心裡真是驚惶憂慮，全身關節疼痛，比挨了打還痛苦。做夢都如此，不知道真正做了國王會怎麼樣？看來，上次說的那些話錯了。」

因此菩薩說：「莫羨王孫樂，王孫苦難言；安貧以守道，知足即是福。」

故事中補鞋的老頭羨慕國王的生活，以為錦衣玉食、萬民朝拜就是一種快樂，豈不知國王有國王的苦惱，補鞋卻有補鞋的樂趣。上天雖讓人各不相同，卻也各自有他的煩惱。因此，人不論在山野還是城市，若能自知自足，消除了欲念，就能夠放下煩惱，品嘗快樂。否則，結局就會像下面故事中的樵夫一般。

很久以前，在普陀山下有一樵夫，他家世代以打柴為生。樵夫整日早出晚歸，風餐露宿，辛勤的勞作卻沒有換來富足的生活，家裡常常揭不開鍋。於是，他老婆天天到佛前燒香，祈求佛祖慈悲，讓他們夫妻早日脫離苦海。

蒼天有眼，大運很快降臨。有一天，樵夫在大樹底下挖出了一尊金羅漢，窮光蛋轉眼間變成了百萬富翁。於是，他買房置地，宴請賓朋，好不熱鬧。親朋好友彷彿一下子從地下冒出來似的，紛紛前來向他祝賀。

按理說樵夫應該非常滿足了，可以告別貧窮盡享榮華富貴了。可是他只高興了幾天，很快就發起愁來，茶飯不香，坐臥不安。老婆看在眼裡，不禁上前勸道：「現在吃穿不缺，又有良田美宅，你為什麼還發愁？就算賊來偷，一時半會兒也偷不完啊！」

樵夫聽到這裡，不耐煩了：「妳一個婦道人家懂得什麼？怕人偷只不過是小事，關鍵是十八尊金羅漢我才得到了其中一尊，另外那十七尊還不知道埋在哪裡呢！妳叫我怎麼能安心呢？」說完便癱軟在床上。

從此以後，樵夫抱著金羅漢整日愁眉不展，落得疾病纏身，最終一命嗚呼。

現實生活中，能夠深得佛禪真諦的人畢竟不多，所以人們終日被世俗的名利所纏繞，被慾望的包袱所壓迫。人的心一旦與慾望牽扯到一起，就很難再有真正的知足和快樂了。

人不能病態地沉溺於慾望的滿足，而知足則是一種心理的健康，一種精神上的節制和坦蕩。人如果只為滿足慾望而活著，那麼永遠也滿足不了。滿足了一種慾望，同時就有十種慾望受到壓制，又有百種慾望隨之產生。它們不可能一一得到滿足，一定會使人常不樂或者樂不常。道理雖然簡單，但當真應用到生活中，卻也不是一件容易的事情。早在春秋時期，就有過這種活生生的例子。

范蠡在越國最終擊敗吳國之後被任命為大將軍。在世人看來，此時的范蠡本應享受富貴榮華風光無限，可他卻偏偏辭去官職離開越國，徹底地銷聲匿跡了。據《史記》記載，范蠡先是去了齊國務農，後又移至陶地經商，並更名改姓陶朱公，安享餘生，直至終老。而與范蠡同樣作為越國重臣的文種，卻因為貪心不足，落得個完全不同的結局。

在越國擊滅吳國後，曾經在沙場上立下了汗馬功勞的文種依然選擇留在越王勾踐的身邊，完全不顧范蠡對他做出的「飛鳥盡，良弓藏；狡兔死，獵狗烹」的忠告。雖然文種最後也稱病辭官，可他卻因為不願放棄家鄉的良田美景，而繼續留在了越國國內。

由於他的功勞和威名實在太大，所以當奸佞小人誣陷他有興兵作亂的企圖時，早就想要除掉這個心腹大患的越王勾踐也就借著這個機會，以謀反罪將文種處死了。

同樣是功成名就的朝廷重臣，范蠡和文種的最終結局卻迴然有別。歸根究底，就是因為他們在對待「名利」二字的態度和做法上存在著太多的不同。淡泊名利的得以快樂終老，而執著名利的卻最終人財兩空。

言已至此，我們倒應該向下面這位和尚好好求教一番。在宋朝人吳淑所著的《祕閣閒談》中有這樣一個故事。

有一個和尚，偶然之中得到了一個大青瓷碗，便帶回寺院中，放在供桌上，碗裡放了一枝花，供奉佛祖。隔天早晨，他發現青瓷碗裡竟然盛開了滿滿一碗花，這使他十分驚訝。為了驗證真假，他將花取出，又在碗裡放了一把米，第二天一把米變成了一碗米。之後，無論和尚放進銅錢、金子、銀子、珠寶，只要過一夜，這只青瓷碗都能變出滿滿一碗。

此事在寺院裡引起了轟動，無論大小和尚都有些欣喜若狂，知道從此之後寺院再也不愁吃穿了。誰知這個和尚吝嗇得很，只有在最需要的時候，才將青瓷碗拿出來用，變出點必需品以補不足，平日裡別說用了，連看都不讓人看。

一晃過去了許多年，和尚老了，深諳世事的他知道自己將不久於人世，有一天在與眾和尚過河的時候，突然從懷中掏出那只青瓷碗，當著大家的面，毫不猶豫地丟進了河裡。面對眾人的大驚失色，和尚緩緩地說：「看看諸位的樣子，等我死後，你們能夠謹慎淡泊、堅守操節、不貪慕錢財嗎？我今天將碗丟進河裡，是為了防止以後你們徒增罪孽呀！」

吳淑筆下的這個和尚是一個有操節的人，他知道財物的必要，也知道財物的罪惡，所以他本著「知足常樂」的原則，毅然決然地將碗丟進河中，是為了從根本上徹底斷絕其他人的貪財慾，他防患於未然，確實高明。

人能知足，就不會有貪心；不會有貪心，就是功德。人知足就常樂，不知足就常苦、常憂。若想要得到福報，脫離種種苦惱，就要懂得知足。

知足常樂正是當代人和當代社會的根本需求，是無窮的慾望和有限的資源之間達到平衡的根本。知足是一種智慧，常樂是一種境界。如果我們能知足，所過的生活就會富樂安穩，所住之處也是最和睦、吉祥的地方。

20 用正見去看世界

生活的內容很多，我們不可能全部擁有，那些能讓我們快樂的事情也同樣能使我們痛苦，所以我們不要因為得到而欣喜若狂，也不要由於失去而痛苦不堪。

從前，菩薩化身為鸚鵡王，率領著三千隻鸚鵡，這群鸚鵡整天追隨著鸚鵡王，盡心盡力侍奉牠。其中有兩隻力大無比的鸚鵡，還想出一個讓鸚鵡王快樂的方法：牠們找來一根竹棍，各自用嘴銜住竹棍的一頭，鸚鵡王可以坐在這車上，四處飛翔嬉戲。於是，鸚鵡王常常乘坐這車，上下左右前後各有五百隻鸚鵡，六面共三千隻鸚鵡陪著飛來飛去。鸚鵡們不僅陪鸚鵡王娛樂，還隨時找來名種美味食物，供鸚鵡王享用。

鸚鵡王暗自想：「飛來飛去的遊戲雖然很有趣，但這樣肆無忌憚、嬉戲作樂只會使德行敗壞，鸚鵡們天天陪伴我、侍奉我，不知道是真心還是假意，我應當用些計謀了。」於是牠推說有病不再飲食，假裝死去。眾鸚鵡把牠草草地葬了，便各自離散了。

鸚鵡王起來自己去覓食，那些鸚鵡都去另一個鸚鵡王那裡，說：「我們的大王已經死了，我們希望能來做您的臣僕。」

另一個鸚鵡王說：「你們的大王若死了，就找牠的屍體來證明，如果是真的，我就收留你們做臣僕。」

那些鸚鵡便去取屍體，卻驚訝地發現屍體不見了，於是四下尋找，找到後，便又與原先一樣，開始供養鸚鵡王。

不料，鸚鵡王卻說：「我還沒死，你們就拋下我不管。諸佛訓示：世上無親，只有佛法可以信仰。沙門認為鬍鬚頭髮是擾亂心志的髒物，所以把它拋棄，希望不再有慾望。你們這樣嬉鬧戲謔，淫聲亂性，迷失了心志。上聖才是獨一無二、德志兼備的。」

說完就起身飛走了，找了個幽靜處所，放棄一切俗念，不再行樂，定心定性，從此百穢皆消。

人生哪能多如意　萬事只求半稱心

所謂「好花不常開，好景不常在」，當你快樂時你要想這快樂不是永恆的，當你痛苦時你要想這痛苦也不是永恆的，用一顆感恩的心去面對世間一切，這才是佛家的正見。因此世人不要貪戀那盛世繁華，繁華轉眼成煙雲，若只一味迷戀，只會枉自傷了神，傷了心。

生活中，快樂甜甜，也不乏痛苦連連。快樂時無需大喜大樂，因為快樂的長度並不長；痛苦時也無須大悲大痛，因為痛苦的長度也不長。生活的內容很多，我們不可能全部擁有，那些能讓我們快樂的事情也同樣能使我們痛苦，所以我們不要因為得到而欣喜若狂，也不要由於失去而痛苦不堪。

有一個年輕人與情人約會，來得很早，就在樹下走來走去。這時候，一位老禪師來到他身邊，拿出一枚鈕釦對年輕人說：「你將鈕釦向右一轉，你就能跨越時間，要多遠有多遠。」

年輕人試著將鈕釦一轉，情人出現了，正向他遞送秋波。他心裡想要是現在就進行婚禮，那該多好啊！他又轉了一下，眼前出現這樣的場景：隆重的婚禮，豐盛的酒席，他和情人並肩而坐，周圍管樂齊鳴，悠揚醉人。

他抬起頭，盯著妻子的雙眸，又想現在要是只有我倆該有多好。他又轉動了一下鈕釦，立刻夜闌人靜……

他飛速地轉動鈕釦，他有了兒子，後來又有了孫子，轉眼間已是兒孫滿堂。然後兒孫們又四處為官，到處受人吹捧。鈕釦轉到最後，年輕人已是老態龍鍾，獨臥病榻，幾個不孝兒孫把家產揮霍一空，還狠心地把他扔到荒郊野外。又餓又累的老人仰面跌倒，被烏鴉老鼠咬的遍體鱗傷。

年輕人看得頭皮發麻，直冒冷汗，像洩了氣的皮球。正當他萬念俱灰的時候，禪師收回了鈕釦。於是，年輕人又回到了那棵枝繁葉茂的樹下，繼續等待著他那可愛的情人。

正如年輕人所看到的那樣，在世俗的快樂中絕對找不到永恆的幸福，因為時間使任何東西都變得無常。當你快樂（成功）時你要想這些不是永恆的，當你痛苦（失敗）時也要想這些不是永恆的。只有這樣才能做到得意時不忘形，不貪戀，失敗後也不灰心，不氣餒。

世上沒有永遠的幸福，也沒有永遠的快樂；沒有永遠的快樂，也沒有永遠的痛苦。在快樂中我們要感謝生活，在痛苦中我們也要感謝生活，因

人生哪能多如意 萬事只求半稱心

為生活原本就是美麗的，生活的藝術就是學會在失去一切的情況下能夠做到容納一切的本領。生活本身既不是禍，也不是福，它是禍福的容器，就看自己把它變成什麼。

曾有一幅攝影作品震撼了不少觀眾。

在上坡的路上，男人用力地踩著載滿貨物的三輪車，身子傾斜得幾乎與坡面平行，頭髮被雨淋成一縷縷，他的臉微微側轉著，望向在後面為他推車的女人。那女人用一隻手使勁推車，另一隻手扶著腋下的拐杖，拐杖旁的右腿半截是空的。

可能是因為風雨太大實在睜不開眼吧，兩人的眼睛都眯成一條縫，但是仍然能夠看出他們彼此關切的神情，男人是微笑的，女人很累卻是很開心的樣子。

風雨中，男人要踩著三輪車艱難地運貨，女人要拖著殘缺的身子為男人分擔勞苦，這是多麼無奈的事情啊！可是，我們卻看到了他們的笑容。只因為他們相信此刻的艱難困苦都是暫時的，他們不會永遠這樣，他們有一顆感恩的心，在這種處境下不抱怨、不愁苦，反將笑容掛在嘴角。

如果你能夠感恩地度過每一天，那就是一種福氣了。在茫茫人海中，自己能活著一天天地持續下去，已是上天恩賜。當你睜開眼，看著潔白的或有些斑點的牆壁，摸著柔軟的或粗糙的床單，發現自己還能輕而易舉地拿起那些熟悉的物品，隨心所欲地放到伸手可及的地方，那麼此時你的第一件應該做的事就是感恩。你感恩生活，生活將賜予你燦爛的陽光；你不感恩，只知一味地怨天尤人，最終可能一事無成！

生命是最堅強的，同時又是最脆弱的，生命總是在自然界的陷阱和威脅面前，頑強地生長著，處在人類社會裡，生命則要防範和避免各種「天災人禍」。正因為如此，每個人都希望自己「壽終正寢」或「無疾而終」。不論此生曾經遭遇過什麼，畢竟完成了最珍貴的「生命之旅」，最後平安抵達了彼岸，這就很值得慶賀了。

21 不因得而喜，因失而悲

有的人，每天都沉湎於患得患失的苦悶中，主要精力都放在失去了多少、得到了多少上，從不關心失去的是什麼，從不思考真正想要的是什麼。

短暫的生命中，我們都是匆匆過客，最後的結果一定是死亡。那麼，我們該如何使自己的人生充滿意義呢？我們怎樣才能活得坦然而自在呢？答案就在這四個字之中：心包太虛。

天下熙熙，皆為利來；天下攘攘，皆為利往。在我們身邊，有的人從不為功名利祿處心積慮，也不會因得而喜、因失而悲，也許他失去的要多於得到的，但他失去的是身外之物，得到的是生活的充實；而有的人，每天都沉湎於患得患失的苦悶中，主要精力都放在失去了多少、得到了多少上，從不關心失去的是什麼，從不思考真正想要的是什麼，看起來他沒有失去什麼，事實上他們往往因得到的東西而迷失了自我。人生在世，榮辱得失在所難免，只有具有包容心的人才能把這一切看淡。

春秋戰國時期的宓子賤，是孔子的弟子，魯國人。有一次齊國進攻魯國，戰火迅速向魯國的單父地區推進，而此時宓子賤正在做單父宰。當時正值麥收季節，大片的麥子已經成熟，不久就能夠收割入庫了，可是齊軍一來，這眼看到手的糧食就會被齊國搶走。

當地一些父老向宓子賤提出建議，說：「麥子馬上就熟了，應該趕在齊國軍隊到來之前，讓咱們這裡的老百姓去搶收，不管是誰種的，誰搶收了就歸誰所有。」

另一個也認為：「是啊，把糧食收割下來，可以增加我們魯國的糧食，齊國的軍隊也搶不走麥子，他們就沒有糧食，自然也堅持不了多久。」

儘管鄉中父老再三請求，宓子賤卻堅決不同意這種做法。過了一些日子，齊軍一來，真的把單父地區的小麥一搶而空。

為了這件事，許多父老都埋怨宓子賤，魯國的大貴族季孫氏也非常憤怒，派使臣向宓子賤興師問罪。

宓子賤說：「今天沒有麥子，明年我們可以再種。如果官府這次發佈告令，讓人們去搶收麥子，那些不種麥子的人就可能不勞而獲，得到不少好處，單父的百姓也許能搶回來一些麥子，但是那些趁火打劫的人以後便會年年期盼敵國的入侵，民風也會變得越來越壞，不是嗎？其實單父一年的小麥產量，對於魯國的影響微乎其微，魯國不會因為得到單父的麥子就強大起來，也不會因為失去單父的小麥而衰弱下去。但是如果讓單父的老百姓，以至於魯國的老百姓都有了這種借敵國入侵而獲得意外財物的心理，這才是危害我們魯國的大敵，這種僥倖獲利的心理，可是我們幾代人的損失呀！」

看得出來，宓子賤自有他的得失觀，他之所以拒絕父老的勸諫，讓入侵的齊軍搶走麥子，是認為失掉的是有形的、有限的一點點糧食，而讓民眾存有僥倖得財得利的心理才是無形的、長久的損失。得與失到底應該如何取捨，宓子賤做出了正確的選擇。

日本的一休和尚在九歲的時候，師父出去了，吩咐大家好好在廟裡看廟、用功。一休在大殿裡待不住，便偷偷走到方丈的房間，翻開了師父的櫃子，找到了師父最喜歡的東西。師父平時總是背著弟子拿出來看，自己欣賞，就是不讓弟子看。

這天，師父一走了，一休實在忍不住了，想看看到底是什麼，就打開了，看見是個瓷器，在手裡玩一玩，一不小心給摔破了。

一休把瓷片包了一塊擱在口袋裡。師父回來就問：「一休啊，你在用功嗎？」

一休說：「啊！我一整天都在大殿參禪，參一個問題，我參的非常專心」。

師父說：「你參什麼問題呀？」

一休說：「我在參，到底有沒有一個人是不死的呀？有沒有？」

「唉呀，我的傻徒弟啊，哪有一個人是不死的呢？一切都無常啊！」

「啊，這樣啊。師父，人都是要死的，通通是無常的。那麼東西呢？有沒有一樣東西能夠常存啊？」

「一樣啊，無情之物也是無常啊！總是要壞的，因緣聚了就有，因緣散了就壞。」

「噢，是這樣，這樣的話，如果我們心愛的東西要是壞了的話，我們也不應該傷悲啊！」

「對呀！緣散就壞了，自己心愛的東西緣散了，就沒有了」。

「師父，我這裡有一個緣散就壞了的東西。」

一休把口袋裡的一塊碎瓷交給師父，師父接過來並沒有發脾氣。

我們要有個正念，把這些都看成是肥皂泡泡，破了也沒有必要傷心，得了也沒什麼可喜，更不值得我們去追求。俗話說：「比海更寬的是天空，比天空更大的是人的心靈。」生活不論如何磨人，如何將你壓縮在一個四方的小盒子裡，但思維的空間是不受限制的，心靈的視野裡沒有藩籬，無比寬廣，任你馳騁。

有一個人單身時，和幾個朋友一起住在一間七、八坪大的小屋裡，生活非常不便，但他一天到晚總是樂呵呵的。

有人問：「那麼多人擠在一起，連轉個身都困難，你有什麼可高興的？」

這個人說：「跟朋友們在一起，隨時都可以交換思想，交流感情，這難道不是很值得高興的事情嗎？」

過了一段時間，朋友們一個個相繼成家，先後搬了出去。屋子裡只剩下了他一個人，但是他每天仍然很快活。

又有人問：「你一個人孤孤單單的，有什麼好高興的呢？」

「我有很多書啊！一本書就是一個老師，和這麼多老師在一起，時時刻刻都可以向它們請教，這怎能不令人高興呢？」

幾年後，這個人也成了家，搬進了一座大樓裡。這座大樓有七層，他的家在最底層，而底層是這座樓裡環境最差的，樓上總是往下面潑污水，丟死老鼠、破鞋子、臭襪子和亂七八糟的髒東西。可是，這個人還是一副自得其樂的樣子。

這時，又有人好奇地問：「你住在這樣的房間裡，也感到高興嗎？」

「是呀！你不知道住一樓有多少好處啊！進門就是家，不用爬樓梯；搬東西也方便，不必花很大的力氣；朋友來訪容易，用不著一層樓一層樓地去叩門詢問……尤其讓我滿意的是，可以在空地上養一些花，種一些菜。這些樂趣呀，數之不盡啊！」這個人情不自禁地說。

過了一年，這個人把一層的房間讓給了一位朋友，自己搬到了樓房的最高層，可是他每天仍是快快樂樂的。

又有人問：「你住七層樓是不是也有許多好處呀！」

他說：「是啊，好處可真不少呢！舉幾個例子吧，每天上下幾次，有利於身體健康；光線好，看書寫文章不傷眼睛；沒有人在頭頂干擾，白天黑夜都非常安靜。」

後來，有人問道：「你總是那麼快樂，可是我卻感到，你每次所處的環境並不那麼好呀？」

這個人心平氣和地回答說：「決定一個人心情的，不是在於環境，而在於心境。」

可見，具有包容心的人，心寬得能夠容納一切，自然能做到寵辱不驚，寵辱不驚是包容心的高層次境界，它不是消極的迴避，也不是看破紅塵，而是遠離名利、遠離喧囂的一種坦然，一種從容。

人生偶有失意，在所難免，一向得意容易讓人忘形，為失敗哀怨，對現實不滿也是無用之舉，一切都應當以「心寬」來化解。不要過分感歎失去，因為走過的路不能倒退，也不要過分慶幸獲得，因為前面的路還要面對，而我們應該做的就是珍惜每一個瞬間，並滿懷熱情地去面對下一個。

唯有人心真正閒下來，放下對世俗人情的執著和迷戀，才能將個人的精神提升到一個新的境界，才能感受到「人閒桂花落，夜靜春山空」的禪境。

22 貪愛一百件事物，就有一百個苦惱

通常人的慾望很多，真正如願的太少，所以就很難體會到生活中本已存在的快樂。

在《大莊嚴論經》第三卷中有一個《難陀斂財》的故事：

有一位國王，名叫難陀。他非常貪財，拼命聚斂財寶，希望把財寶帶到他的後世。他心裡想：我要把一國的珍寶都收集到我這裡，不能讓外面有一點剩餘。

他把自己的女兒安置在皇宮樓上，吩咐身邊伺候公主的人說：「要是有人帶著財寶來求見我的女兒，你們就把這個人連同他的財寶一起送到我這裡來。」他就是用這樣的辦法聚斂財寶，所有的金錢寶物都進了國王的倉庫，全國上下，沒有什麼地方有財寶了。

國中有一個寡婦，只有一個兒子，她對兒子極為疼愛。兒子看見國王的女兒端莊美麗，容貌非凡，非常愛慕。但是他家裡沒有錢，沒辦法和國王的女兒交往。為了這事，他相思成疾，生起病來，氣息奄奄。

寡婦問道：「你害了什麼病，怎麼會成這樣呢？」

兒子回答說：「我要是不能和國王的女兒交往，必死無疑。」

母親對兒子說：「可是，國內的金錢寶物一無所剩，到哪裡才能弄到寶物呢？」她不願意讓兒子生活在痛苦中，想了一會兒，說：「你父親死的時候，嘴裡含著一枚金錢。你要是把墳墓挖開，就可以用錢去結交國王的女兒了。」

兒子遵照母親的吩咐，去挖開父親的墳，從父親口裡取出那枚金錢。他拿到錢後，來到國王的女兒那裡。國王的女兒便把他送去見國王。

國王見了，說：「國內所有的金錢寶物，除了我的倉庫中的都蕩然無存，你從哪裡弄到這枚金錢的？你一定發現寶藏了吧？」

國王用了種種酷刑拷打寡婦的兒子，要問清楚他是如何得到這枚金錢的。寡婦的兒子回答說：「我真的沒有發現什麼寶藏。我母親告訴我，先父死的時候，嘴裡含著一枚金錢，我挖開墳墓所以得到了這枚金錢。」於是，難陀國王派人去查驗，果然不假，這才相信了。

難陀王心裡暗自想：我先前聚集一切寶物，想的是把這些財寶帶到後世。可是那個死去的父親，一枚錢尚且帶不走，何況我這麼多的財寶呢？

偈曰：

錢財身外物，慳貪難受益；
縱積千萬億，身死帶不去。

難陀國王因貪婪而四處斂財，最後卻發現錢財都是身外之物，生不能帶來，死不能帶去，此時才翻然醒悟。在這個世界上有這麼多不應該的慾望——貪、嗔、癡、名與利、金錢與美女，而佛教正是圓滿地幫助人們認識到：世間事物無法恆常，自然界的滄海桑田，人類的生老病死，一切都在進行中，所以人要破除貪、嗔、癡，不能對身外之物過分執著。

在我們身邊經常聽到有人感歎：唉，活得真累！

這個「累」主要不是指肉體累而是指精神之累。這是因為通常人的慾望很多，真正如願的太少，所以就很難體會到生活中本已存在的快樂，怎能不累呢？

一個從事行銷策劃的年輕人，經過幾年奮鬥，在業界小有所成。他的生活每天都被傳真、資料、甲方乙方以及各種方案塞得滿滿的。一天，他加班到很晚，走了好一段路沒叫到車。走得累了，他停下來，鬆開襯衫領子，仰頭呼了口氣。這時，他吃驚地看見，星星在夜幕中閃爍著，流溢著難以言語形容的美麗。一如他大學畢業離校前最後一晚，幾個要好同學躺在圖書館前草地上看到的那樣。那夜，他們深深被血脈中的力量激動著，為廣闊的星空與未知的前途吸引著。

自那之後，他幾乎再也沒注視過夜晚的星空了，他一直保持著彎腰奔跑的姿勢。太忙了！慾望總在膨脹，目標總在前方，他就像神話中的西希弗斯，背負著那塊巨石不停地跑動，以免巨石滾落。

夜晚的這個時刻，他多半在行銷方案、計劃書以及各種應酬中度過，他從沒想過哪怕透過一扇小小的窗，去望望寧靜的星空，傾聽心靈裡一些細小的聲音。慾望像越滾越大的雪球，蠱惑著他拼命向前，那個雪球通往幸福嗎？幸福的標準又是什麼呢？他不知道。心靈被慾望佔據久了，有些麻木。

《佛說八大人覺經》上說：「眾生因愚癡，不知『世間無常，四大苦空，五陰無我』。每為滿足個人的慾望，不止貪愛自己的名譽、地位、財富，還貪求物質的佔有，貪圖美色的享受，以及貪婪滿足口腹之欲，而殺生食肉，多生多劫，欠下無量的錢債、色債和命債；所以要流落生死，累劫償還，求出無由。」貪慾害己害人，驅使人們為了填滿欲壑而營謀算計、用盡機關，為貪錢財名利而勞心費神、傷身害命。古往今來，在難填的欲壑中被葬送的貪婪者，多得不可計數。

張、王兩個人相約出遊，他們在路上撿到一塊金元寶，二人大喜，商量一番之後決定公平均分。路上，姓張的對姓王的說道：「這一塊金元寶，讓我們兩個遇到，是這裡的城隍老爺有眼，給我們發財的機會，我們應該買些酒菜到城隍老爺的面前拜拜，感激祂的恩惠。」姓王的也認為應當這麼做：「這樣很好，你去買菜，我在城隍廟前等你。」

但是，這時候兩人心中已經開始各懷鬼胎了。姓張的心中想：這塊金元寶，兩個人分，一人只有一半，這一半能用多久？姓王的心中也想：這塊金元寶，兩個人分，不如一人獨得。

貪慾心裡起，惡向膽邊生。姓張的想在酒菜裡放些毒藥，害死姓王的，他好一個人獨佔那一塊金元寶！姓王的見城隍廟中無人，準備了一把斧頭，想害死姓張的，他好一個人獨得那一塊金元寶！張、王二人自以為想得妙計，對方絕不會知道這一點。

當姓張的酒菜買來，正在向城隍爺求拜的時候，姓王的一斧頭從腦後砍來。姓張的死後，姓王的異常歡喜，正想拿著金元寶逃之夭夭的時候，忽然覺得饑腸轆轆，他想何不將供在城隍爺前的酒菜拿來充饑。他一人自斟自酌，忽覺天旋地轉，藥性發作，不久之後就一命嗚呼了！

張、王二人因為貪慾過大，都想獨得金元寶，因此萌生了害人之心，沒想到卻害了自己。這是因果現報，也說明了一切罪惡都是從貪慾生起的。人類社會裡，那些因竊盜罪、姦淫罪、傷害罪而被囚禁在監獄的犯人，不都是貪慾所陷害的嗎？讓我們來看看下面這個真實的故事。

一對昔日情同姐妹的同事兼好朋友，為了競爭一個經理的職位竟然反目成仇。姐姐對成為競爭對手的妹妹痛起殺意，不顧多年的姐妹情誼，設計多種殘害手段，後來使了最毒辣的一招雇凶毀容：用硫酸將容貌姣好、正值事業巔峰的好朋友，毀成一個今後無法生活下去的人。

案件偵破後，受害方極度驚愕，難以置信毀掉自己的竟然是自己的好朋友。過去在一起共事時的默契配合、生活上的相互關心促膝長談，此刻都顯得是那麼的虛假與不真實。受害者在知道事實真相的時候，不僅肉體要承受折磨，心靈上也是飽受重創，在她今後的人生路途上不敢再相信友誼、相信真情了。所以，痛苦的根源是貪慾。貪愛一百件事物，就有一百個苦惱。人，總是為了追求名、利、權勢而勞碌終生；對於情愛，貪求不厭，每於私情慾愛纏綿不休中，萬般痛苦不能解脫！大廈千間，夜眠幾尺？積資巨萬，日食幾何？

《八大人覺經》上說：「生死疲勞，從貪欲起，少欲無為，身心自在。」一生只知道追逐名利而不知道享受的人，心最苦累。人啊，應該保持一顆平常心，不貪婪一切外物。沒有貪愛，真佛現前。摒棄貪愛，你會生活得坦然，沒有干擾，沒有麻煩，也沒有外來的禍害，快樂的心情永遠佔據你思維的空間，才能在自在寧靜的生活中盡享天年。

23 不後悔過去，不渴望未來

不論昨天發生過什麼，也不論明天有什麼即將來臨，你永遠置身於「現在」。

古羅馬有一個神靈叫雅努斯，傳說在他的腦袋上長有前後兩張面孔，一張回顧過去，一張眺望未來。後來兩面神被雕刻成石像，經歷風吹雨打，終於被埋沒在了廢墟之中。

有一次，一位先哲來到兩面神石像前，他問道：「請問尊神，您為什麼一個頭上長著兩副面孔呢？」

「為的是一面察看過去，記取歷史的教訓；一面展望未來，寄託以後的憧憬。」兩面神說。

「可是，您為什麼不注視現在呢？因為只有現在才是最有意義的呀！」先哲問道。

「現在？」兩面神啞然了。

先哲說：「要知道，過去是現在的逝去，明天是今天的繼續。您既然無視現在，那麼你對逝去者即使瞭若指掌，對未來者縱然明察秋毫，又意義何在呢？」

「嗚嗚……」兩面神聽到這裡，忍不住哭泣起來。

原來，正是由於先哲指出的原因，兩面神沒有看守住羅馬的城池，被敵人攻陷了。人們嘲笑他只知道看到過去和未來，而不知道活在當下，於是遺棄了他……

「過去」和「未來」是人類語言裡最危險的兩個詞。「過去」與「未來」究竟是什麼呢？它們並不是存在的東西，而是存在過和可能存在的東西，而唯一存在的只有現在，也就是我們經常說的「當下」。

社會在發展，人們的生存條件得到了很大改善，但是滿意感卻在下降。我們擁有的越來越多，但是快樂卻越來越少。問題出在哪裡呢？就在於我們不想活在當下。活在當下的真正涵義來自禪，禪師知道什麼是活在當下。初祖達摩說：「不謀其前，不慮其後，無戀當今。」這是真正的解脫。慧律禪師開示說：「不後悔過去，不渴望未來，不自尋煩惱，把握現在，腳踏實地，則身心健康。」對我們來說，最重要的事情就是活在當下。

有個小沙彌，每天早上都要清掃寺院裡的落葉。

其實，清晨起床掃落葉實在是一件苦差事，尤其是在秋冬時節，每一次起風時，樹葉總會隨風飛舞。每天都要花費許多時間才能清掃完樹葉，這讓小沙彌頭痛不已，他一直想找個好辦法讓自己輕鬆一些。

後來有個沙彌跟他說：「你在明天打掃之前先用力搖樹，把落葉統統搖下來，後天就可以不用掃落葉了。」小沙彌覺得這是個好辦法，於是隔天他起了個大早，使勁地搖樹，這樣他就可以把今天和明天的落葉一次掃乾淨了。一整天，小沙彌都非常開心。

第二天，小沙彌到院子裡一看，他不禁傻眼了。院子裡如往日一樣滿地落葉。

禪師走了過來，對他說：「傻孩子，無論你今天怎麼用力，明天的落葉還是會落下來。」

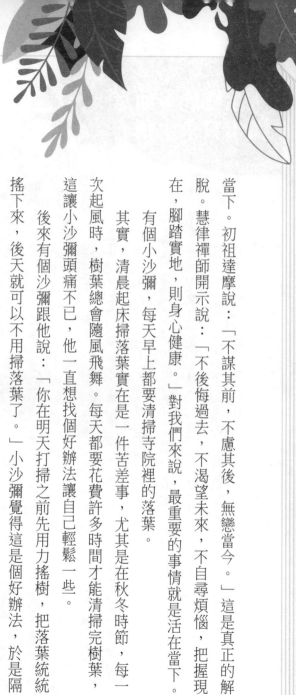

人生哪能多如意 萬事只求半稱心

小沙彌終於明白了，世上有很多事是無法提前的，唯有認真地活在當下，才是最真實的人生態度。

活在當下是一種全身心地投入人生的生活方式，當你活在當下而沒有過去拖在你後面，也沒有未來拉著你往前時，你全部的能量都會集中在這一時刻，生命因此具有一種強烈的張力。讓我們來看看下面這個故事就會明白，只有「活在當下」才是使生活豐富的唯一方式，也是最輕鬆的人生態度。

有一位富有的商人，他擁有無盡的財富、美麗的妻子和可愛的兒子，但是這一切對他來說卻根本就談不上快樂。

有一天他把醫生找來，說：「我怎麼如此不快樂呢？請你讓我在很短的時間內快樂起來，那樣你就可以得到我一半的財富，如果你不能做到，我是不會放過你的。」

這位醫生聽了以後很著急，要怎麼樣才能讓一個人快樂呢？他想了很久也沒想出辦法，就對富翁說：「尊敬的老爺，我需要靜心想一想，要回去參照一下古代的經典，以及以前的醫學，看看有什麼方法，明天來告訴你。」

回到家這位醫生頭痛不已，他自言自語道：「如果我做不到的話，他真的不會放過我的。」他想了一個晚上，第二天早上，他得出了一個結論：「其實這個問題並不難。」

他對富翁說：「我找到了一個很好的方法。你只要把這個國家最快樂的人的上衣穿上，你就會快樂了。」

聽到這個方法，富翁很高興，於是對總管說：「去找一個快樂的人，並儘快把他的上衣帶來給我。」

於是，總管出發了，他到了一家不愁吃穿的人家裡，說明了來意。

那個不愁吃穿的人說：「可以，你要拿多少衣服，吃多少東西都可以，但我告訴你，我一點都不快樂。我還很感謝你告訴了我這個方法，我也要我的家人去找這個最快樂的人的上衣。」

總管又去找了很多人，但是大家都感受不快樂，總管知道自己上當了，醫生的問題現在變成了他的問題。這時有人對他說：「總管大人，別擔心，我知道一個快樂的人，你也應該知道這個人，他每天晚上都在河邊吹笛子，他的笛聲非常優美而且又特別的動聽，他一定是一個很快樂的人。」

總管一聽，說：「對啊，有時候在夜晚，我陶醉在他的笛聲裡，那些曲調是那麼的美。這個人是誰啊？他在哪裡呢？」

那人說：「到了晚上，我們就可以去河邊尋找他，他每天晚上都會出現。」

第二天晚上，吹笛子的人又出現了，他的笛聲無與倫比地美妙，每個音符都充滿了喜悅。

當總管到達河邊時，那個吹笛子的人問道：「你想要做什麼？」

總管問：「你快樂嗎？」

吹笛子的人說：「我很快樂，我就是快樂。你想要做什麼？」

總管高興得手舞足蹈地說：「你只要給我你的上衣就好了。」

這個人沉默不語，總管就說了：「你為什麼不說話？快給我你的上衣！我的主人需要它。」

這個人說：「那是不可能的，因為我沒有上衣。你現在看不到是因為夜太黑了，但事實上，我是赤裸裸地坐在這裡。如果我有的話，我可以給你們上衣，我甚至可以給你我的生命，但我沒有啊。」

總管問：「那你為什麼感到快樂？你怎麼能快樂得起來呢？」

這個人說：「每天無論什麼時候，當我放下所有的東西時，我就變得無比快樂。」

我們要為現在而活，你所擁有的也只有現在。內心的平靜，工作的成效，都決定於我們要怎樣活在現在此刻。不論昨天發生過什麼，也不論明天有什麼即將來臨，你永遠置身於「現在」，快樂與滿足的祕訣就是全心全意集中於現在的每分每秒上。

大多數的煩惱可能不是出現在眼前，而是發生在難以割捨的過去和無法預計的將來。對於過去，相信總是有些記憶令我們無法忘記，或後悔，或惋惜，或感慨，感歎悠悠歲月，回想單純而簡單的生活。

對於將來，則總是無法預期，或許我們都有因為對於未來不確定而徹夜難眠的經歷。這些經歷總是纏繞著我們，使我們總是生活在烏雲密佈的天空下。其實，快樂是很簡單的，就如同下面這個人這樣。

人生哪能多如意 萬事只求半稱心

有一支隊伍在沙漠中艱難地行走，因為帶的東西太多，所以大家都痛苦不堪。然而，有一個人卻輕鬆快樂地走著，別人問他：「你為什麼如此愜意？」

他笑著說：「因為我帶的東西最少。」

快樂就是這麼簡單，擁有少一點就可以了。古人有三大快樂：閉門讀書，開門迎客，出門遠行。因此，人生應當是快樂的，每個人都應該保持樂觀的生活態度。樂由心生，其實擁有快樂是非常簡單的，關鍵在於你怎麼想。也許今天看來很嚴重，而為此過分擔心，心神不寧，或許到明天真的沒什麼，不必太在意，只要盡了自己最大的努力也就足夠了。

生活在當下是聰明的，緊緊抓住眼前的快樂，不必再去想，不必再去問；活得輕鬆而愉快。一旦你與生命保持在同一步調上，其他的就無關緊要了。讓我們做好每一天的人生功課吧。

24 「放」是化繁為簡的睿智

提起並不等於癡迷，放下並不等於放棄，我們應該提起我們所擁有的，放棄那些永遠也無法擁有的。

每一個人都希望自己的生活能夠完美一些，一生中不要蜿蜒曲折，不要嘗度滄桑，但這又怎麼可能呢？人生短暫，或富貴，或貧窮，或為官，或為民，這些都如過眼雲煙，頃刻間便煙消雲散。

一位信徒來拜訪趙州禪師，由於沒有準備禮品，他不好意思地說：「唉，我空手而來。」

趙州禪師說：「既是空手而來，那就放下吧。」

信徒不明白禪師的意思，問道：「我沒有帶禮品來，你要我放下什麼呢？」

趙州禪師說：「那你就帶著回去好了。」

信徒更是不解，說：「我什麼都沒有，帶什麼回去呢？」

趙州禪師說：「你就帶著那個什麼都沒有的東西回去好了。」

信徒難解禪機，喃喃自語道：「沒有的東西怎麼好帶呢？」

於是，趙州禪師說：「你不缺少的東西，正是你沒有的東西；而你沒有的東西，恰恰就是你本來不缺的東西！」

提得起，放得下，這是禪的要訣。證嚴法師開示：「要提起就完全提起，要放下就全心放下。」應當放下的時候卻仍然提著，肯定很累；當提起的時候卻又放下了，絕對沒勁。人世的原則就是「當提起時提起，當放下時放下」，擇裝上陣，才能有所領悟，活得快樂。

有一位修行高深的老和尚，收養了一條流浪狗，每天傍晚都要餵食。老和尚在為狗送飯的時候，總是念念有詞地說著：「放下，放下。」

徒弟們覺得很奇怪，就問：「您為什麼總是說『放下』呢？」

老和尚不語，讓他們自己去悟。

徒弟們就一直觀察老和尚，終於發現：每天當師父餵完狗後，就不再讀經了，而是自己到院中打打太極拳、散散步或者看看日落，愜意地享受生活。

徒弟把觀察的收穫告訴了師父，老和尚微笑地點點頭說：「你們終於明白了。其實我在叫狗的時候，也是叫自己『放下』，讓自己放下許多事情。因為人們不可能在一天內做完所有的事情，你只要將一天中最重要的事情做完就已經很好了。」

人類的愚暗在於提得起放不下，放得下之後卻又難以提起，而佛家的慧明在於提得起放得下，放下亦能提起。提放自如，方能照愚暗而得慧明。

那麼，我們何時應該提起，何時應該放下呢？你又該如何提起，如何放下呢？眼光長遠的人往往不會被眼前的得失所迷惑，他們有的面臨金錢的誘惑，有的經歷了困境的阻撓，但他們往往能夠執著於自己的夢想，進而擺脫眼前利益的吸引，衝破困境的束縛。因為他們能夠看清未來的藍圖，所以他們意志堅定，矢志不渝。

目光短淺的人只能迎接失敗，即使他們曾經擁有過很優越的條件，他們往往被眼前的利益所迷惑，在透支享受今天的同時，忽略或忘記了給明天播種，最後只能被明天拋棄。眼前的利益或許很具誘惑力，但你必須知道什麼才是真正值得你期待的。

人有太多的追求，不懂得提起只能與憂愁相伴，在人生的道路上迷失方向；人有太多的慾望，不懂得放下只能在誘惑的漩渦中喪生。讓我們先來看一個「提得起」的故事。

育明是一家電視臺的節目主持人，在公司做了五年，他的節目最近被評為當地一流的節目，可是這五年來，事業的發展也不是一帆風順的。三年前，當他不得不與電視臺談判簽訂合約時，遇到了一些阻力。電視臺經理暗示他：繼續簽合約而沒炒他魷魚已經很幸運了。

當育明要求修改合約時，電視臺經理大發雷霆，但他堅信自己有能力做好，也有他本身的價值，堅決不讓步。為此，每天新聞部主任都把他叫進辦公室，對他橫加指責，而且每次訓斥結束時總是說：「你就簽了這合約吧。」

幾個月過後，他依然不動搖，最後，電視臺經理答應了他提出的每一項要求。但是，在他簽合約之前，他把那份合約拿給律師看，律師建議在措辭上要修改幾處。他回到公司跟經理說明，經理又一次責罵他，說他自私、不講道德，但他就是不讓步。最終，根據雙方都能接受的意見，對合約的措辭進行修改。

最近，他與同一家電視臺又簽了一份為期三年的合約。他說：「現在，他們都知道我是一個什麼樣的人，我說到做到。跟我在一起工作的人都對我說，我應該要求比我真正想要的更多，然後再讓步，這樣使主管們有勝利感。但是我不以為然，我要求他們給我提供必要的條件，而其他錦上添花的條件我不會奢求。」

這個故事的意義不在於育明強硬的態度，而是說明一個道理：沒有任何條件可以左右你應該得到的東西，只要你有足夠的能力，你就能得到自己想要的。下面這個故事是關於「放得下」的。

有一個女人因車禍失去了左臂。人們到醫院探望她時，她滿面淚水，哽咽著說，她再也不能穿短袖的衣服了。她是個極愛美的人，以前上學時，一到夏天，便喜歡穿短袖T恤，將纖細白皙的手臂露在外面。可是車禍卻毀掉了她曾經引以為傲的美麗。

半年後，人們再見到她時，驚異地發現，她竟穿著一件短袖T恤！有人看著她依舊白皙的右臂和空蕩蕩的左袖，便打趣地問她：「如何現在想通了？」

她很淡淡地說：「其實當初太傻了。為什麼少了左臂就不能穿短袖了？與其穿長袖遮遮掩掩，害怕別人發現，還不如索性留下空蕩蕩的短袖口，倒覺得反而輕鬆不少。」

「放」，是化繁為簡的睿智，是畫龍點睛的妙筆。一個「放」字，使人的心理上不會有太多負擔，從複雜的社會生活回歸於自然，紛亂的思緒回歸明晰，浮躁的心境回歸淡然。

25 有仁愛之心才可能去愛別人

佛即慈悲，釋迦表「仁慈」之意，牟尼表「清淨」之意。

在一個漆黑的夜晚，遠行參禪的雲遊僧走到一個荒僻的村落中。漆黑的街道上，村民們絡繹不絕地默默前行。

雲遊僧轉過一條巷道，看見有一團昏黃的燈光從巷道的深處照過來，身旁的一位村民說：「瞎子過來了。」

「瞎子？」雲遊僧問身旁的一位村民，「那挑著燈籠的真是一位盲人嗎？」

他得到的答案是肯定的。

雲遊僧百思不得其解：一個雙目失明的人，根本沒有白天和黑夜的概念，他看不到高山流水，也看不到柳綠桃紅的世界萬物，他甚至不知道燈光是什麼，挑一盞燈籠豈不可笑？

那燈籠漸漸近了，昏黃的燈光漸漸從深巷游移到了雲遊僧的身邊。

雲遊僧問：「敢問施主真的是一位盲者嗎？」

那挑燈籠的盲人告訴他：「是的，自從踏進這個世界，我就一直雙目失明。」

雲遊僧問：「既然你什麼也看不見，為何挑一盞燈籠呢？」

盲者說：「現在是黑夜，我聽說在黑夜裡沒有燈光的映照，那麼其他的人都和我一樣變成盲人看不見，所以我就點燃了一盞燈籠。」

雲遊僧若有所悟地說：「原來你是為了給別人照明啊？」

盲者點了點頭，便挑著燈籠慢慢地走開了。

誠然，如果一個人能夠以「仁愛之心」去對待別人，隨時隨地地留心著為別人服務，那麼他的這種關愛之心，必然會得到他人的尊重和回報，甚至可以將那些不是機遇的東西轉變為機遇。就像下面這個事例中所講的這樣。

有一家公司這幾年發展順利，就是有一樁事不順利：近郊的一塊地皮對於建造材料廠來說太合適了，可是董事長不知見過地主多少次，費盡口舌，但那倔強的老婦人竟絲毫不為所動。

一個下雪天，老婦人上街時順路到這家公司轉一轉。她本意是想見到董事長並告訴他「死了買地這條心」。

推開門，老婦人自覺穿著骯髒的布鞋進去不合適，就在那裡站了一會兒。

「歡迎光臨！」這時一位年輕女職員出現在老婦人面前。她一時沒有拖鞋給老婦人穿，便把自己穿的拖鞋脫下來，整齊地擺在老婦人腳前，笑著說：「很抱歉，請穿這個好嗎？」

女職員不在乎腳底的濕冷，對躊躇不前的老婦人說：「別客氣，請穿吧！我沒什麼關係。」等老婦人穿好拖鞋，女職員再問道：「老太太，您要找誰呢？」

「謝謝，我要見你們的董事長。」

「他在樓上，我帶您去見他。」女職員像女兒扶母親上樓梯那樣扶老婦人上樓。

老婦人穿在腳底的拖鞋是溫暖的，而更使她感到溫暖的是這素不相識的女孩子溫暖的心。

突然間，老婦人恍然大悟了：「是啦，人不能只求自己的利益，也該為別人著想呢。」

就這樣，她改變主意，決定把土地賣給木村。

從這個小事中我們可以得知，仁愛之心的力量是多麼強大！仁愛之心不僅是人類能夠進步的基礎，也是我們與他人交往的橋梁。

再來看一個事例。

一天黃昏，有一個看似大學生的男孩徘徊在街頭的一家自助餐店前，等到吃飯的客人都離開了，他才面帶羞澀地走進店裡。

「請給我一碗白飯，謝謝！」男孩低著頭說。

年輕的老闆夫妻見他沒有選菜，一陣納悶，卻也沒有多問，立刻就盛了滿滿一碗的白飯遞給他。男孩付錢的同時，不好意思的說了一句：「我可以在飯上淋點菜湯嗎？」

老闆娘笑著回答：「沒關係，你儘管用，不要錢！」

男孩吃飯吃到一半，想到淋菜湯不要錢，於是又多叫了一碗。

「一碗不夠是嗎？我這次再給你盛多一點！」老闆很熱情地回應。

「不是的，我要拿回去裝在便當盒裡，明天帶到學校當午餐！」

老闆聽了，在心裡猜想，男孩可能來自經濟條件不是很好的家庭，為了讀書，獨自一人在外求學，甚至可能半工半讀，處境的困難可想而知。

於是，他悄悄在餐盒的底部先放了店裡招牌的肉燥，還加了一粒滷蛋，最後才將白飯滿滿覆蓋上去，乍看起來，以為就只有白飯而已。

老闆娘見狀，明白老闆想幫助那名男孩，但卻搞不懂，為什麼不將肉燥大大方方地加在飯上，卻要藏在飯底？

老闆貼著老闆娘的耳說：「男孩若是一眼就見到白飯加料，說不定會認為我們是在施捨他，這不等於直接傷害了他的自尊嗎？這樣，他下次一定不好意思再來。如果轉到別家一直只是吃白飯，怎麼有體力讀書呢？」

年輕的老闆夫妻，沉浸在助人的快樂裡。

「謝謝，我吃飽了，再見！」男孩起身離開。

當男孩拿到沉甸甸的餐盒時，不禁回頭望了老闆夫妻一眼。

「要加油喔！明天見！」老闆向男孩揮手致意，話語中透著鼓勵，請男孩明天再來店裡用餐。男孩眼中泛起淚光，卻沒有讓老闆夫妻看見。

從此，男孩除了假日以外，幾乎每天黃昏都會來，同樣在店裡吃一碗白飯，再外帶一碗走。當然，帶走的那一碗白飯底下，每天都藏著不一樣的祕密。

直到男孩畢業，往後的二十年裡，這家自助餐店就再也不曾出現過男孩的身影了。

某一天，將近五十歲的自助餐店老闆夫妻，接到市政府強制拆除違章建築店面的通告。他們中年失業了，平日儲蓄又都給了兒子在國外攻讀學位。想到生活無依，經濟陷入困境，不禁在店裡抱頭痛哭了起來。就在這個時候，一位身穿名牌西裝的人物突然來訪。

「你們好，我是某某企業的副總經理，我們總經理叫我前來，希望能請你們在我們即將要啟用的辦公大樓裡開自助餐廳，一切的設備與食材均由公司出資準備，你們僅須帶領廚師負責菜餚的烹煮，至於盈利的部分，你們和公司各占一半！」

「你們公司的總經理是誰？為什麼要對我們這麼好？我們不記得有認識這麼高貴的人物！」老闆夫妻一臉疑惑。

「你們夫妻是我們總經理的大恩人兼好朋友，總經理尤其喜歡吃你們店裡的滷蛋和肉燥，我就只知道這麼多。其他的，等你們見了面再談吧！」

故事的結局可想而知，這位公司的總經理就是當年夫婦倆竭力相助的男孩，而這對樂善好施的夫婦肯定得到了報答。

老子說：「上善若水」，這對夫婦對待這個大學生沒有一絲偏見，也沒有一絲討厭，而是心如水一樣包容、寬待他，也最終好人得好報。

26 夫妻如筷，冷熱不辭，甘苦與共

結婚前兩隻眼睛都要睜大點，而結婚後則要閉上一隻眼睛，保持和氣的心態，也就是說對對方儘量寬容、和氣。而夫妻就要像筷子一樣冷熱不辭，甘苦與共。筷子不懼高溫寒冷，能納酸甜苦辣。

在《百喻經》卷一中有一個《婦詐稱死喻》的故事：

過去有一個青年，他的妻子相貌很漂亮，兩個人也相親相愛，感情極為融洽。可是後來妻子逐漸對丈夫沒有了真情實愛，她在外面另有一個情人，最初她與情人還是偷偷摸摸地來往，但時間一久，總覺得不能稱心，於是打算捨掉自己的丈夫與情夫私奔。

趁丈夫外出經商，婦人祕密地託付鄰居一個老太婆說：「我離家後，妳幫我弄一具女死屍，安放在我家裡，等我丈夫回來，就說我已經死了。」

於是，老太婆便在婦人私奔後，偷偷弄來一具女屍停放在他的家裡。

等丈夫回來，就告訴他說：「你的妻子已經死了。」

丈夫立即跑進屋去，看見那具屍體，相信自己的妻子真的死了，傷心地痛哭起來，心裡非常難過。他堆起了很多木柴和油料，把屍體燒成骨灰，並撿取了骨灰，用一個口袋盛著，白天黑夜都帶在身邊。

過了一段時間，這個跑掉的女人，對情夫厭煩起來，就回到家裡，對她的丈夫說：「我是你的老婆。」

丈夫回答說：「我的老婆已經死了很久了，妳是什麼人？竟說是我的老婆！」

那女人說：「那是我詐死，死屍其實是別人啊！」

丈夫說：「我不相信，我的妻子明明已經死了。是我親手辦的喪事，怎麼可能是別人呢？不要騙我，妳走吧！」無論如何解說，丈夫都不肯相信，最後婦人只好再次離開家門。

每個人都嚮往幸福美滿的家庭，然而真正幸福美滿的卻為數不多，就像上面這個故事所講的一樣。因為，夫妻雙方同在一個屋簷下生活，難免會產生摩擦，或許是因為妻子看不順眼丈夫的缺點，或許是丈夫無法忍受妻子的短處。

總之，家家有本難念的經。因此，許多人都羨慕那些夫妻感情融洽、生活美滿幸福的人們，其實，你不必豔羨他人，只要你在處理夫妻摩擦衝突時退一步想一想，以包容去化解矛盾，幸福美滿同樣也屬於你。

讓我們來看看下面這段故事吧。

一對老夫妻舉行了盛大的金婚紀念慶典。這對銀髮燦然的老人，在兒孫和親友們的簇擁下，親密而從容地步入舞池，伴隨著他們的音樂翩翩起舞，在場的所有賓客無一不向他們投以羨慕的眼神，有人甚至發出由衷的讚歎與感慨：多麼幸福的一對呀，我的婚姻若有他們的一半感覺就好了！

的確，當時在五彩燈光下的這對老夫婦，在親朋嘉賓的眼中，無疑就是理想婚姻、幸福伴侶的典型範例。

後來有人就去拜訪這對老夫妻，想探究一下其中的祕訣。

不料，老太太卻向來訪者不急不徐地講起了老頭子這幾十年的種種「壞習慣」，例如，丈夫視酒如命，一年三百六十五天，除非抱病臥床，沒有一天不喝酒的；又如腳臭沖天，青壯年時期即使天天洗澡泡腳，所蓋的被子也得經常拆洗；另外也不喜歡應酬三姑六婆，常被自己娘家人指責為「嫁了個傲慢的姑爺」。

說到這裡，老太太一臉笑意地說：「在許多親朋好友的眼裡，我丈夫似乎是個完美無缺的先生，其實只有我才最清楚，舉凡男人有的臭毛病、壞習慣，我先生他一樣也不少。我常和他開玩笑說：『你真是一個徹頭徹尾的臭男人！』」

「那麼，您是怎麼和這樣一個『徹頭徹尾的臭男人』相親相愛和平共處了幾十年的呢？」來訪者不禁發問。

老太太沉思了一下，說：「包容你所愛的人。我認為這就是維繫、培育和滋潤我們婚姻的祕訣所在。不瞞你說，剛結婚的時候，我也常為他的酒後失態、不講衛生、不近人情和他吵吵鬧鬧，有時候感到特別失落、委屈時，總問自己：『妳怎麼嫁了這麼一個男人？』後來，隨著年齡和閱歷的增長，我變得慢慢有了度量，能夠包容他的種種習性。當然，我說的包容是有一個大前提的，這就是他的人品不能有問題，他對我對家的感情專一不二。何況，我先生還有很多優點，比如他事業有成，他疼妻愛子，他雖然愛交朋友，生活上卻很節儉。

一句話，在不違反大原則的情況下，我允許他身上存在男人一般慣有的毛病。有一次，他的一句話點醒了我，他說男人不抽菸、不喝酒、腳不臭，還是男人嗎？這裡或許還真有個性別角色的問題，一般的女人都看不慣男人抽菸喝酒，不講衛生，而男士們對女人逛商店、穿衣打扮、愛嘮叨是否也同樣的反感。

所以，換個角度思考，人家不嫌棄我們女人的毛病，對我們能包容，那為什麼做女人的不能包容自己的男人呢？」

看到這裡，我們可以得出一個結論：只有成熟的男人和女人的結合，才是成熟幸福的婚姻生活，而成熟的標誌就是包容。

結婚前兩隻眼睛都要睜大點，而結婚後則要閉上一隻眼睛，保持和氣的心態，也就是說對對方儘量寬容、和氣。那麼，夫妻之間應該怎樣做到包容呢？關於這個問題，請看看下面的幾點建議吧。

一、言色相和

「言色相和，無相違戾」這是夫妻間精神生活的要素。雙方的言語能夠和柔，面色常帶笑容，那感情怎麼可能還會出現「違戾」呢？「體諒」在夫妻間也是很重要的，倘不肯體諒，互相指責，那「言色」就不能夠「相和」了。

還有，指責是破裂感情的礁石，指責會引起對方的厭惡感，以為你在輕視他，譏笑他，於是來一個反唇相譏，或者惱羞成怒。彼此都發火了，這豈不是自討苦吃嗎？對方如果有錯誤，要糾正他時，千萬不要太過率直，要婉轉地用商量的口吻，提出自己的意見。對方如果有長處，要給予真誠的欣賞和稱讚，而且要常常稱讚。只有這樣，夫妻之間才能做到「言色相和」，婚姻生活才會常在和煦春風之中。

二、忍受

夫妻之間有時候因為生理或心理的變動，性情難免會出現異常狀況，有時由於環境不盡如人意，便言語舉動不同於常態，這都是常有的事。這時候，如果雙方都不遵守佛的「忍誡」，兩不相讓，而起口舌爭強，意氣用事，那麼感情就會出現裂痕。

忍受是要培養的，當對方火氣正旺的時候，我縱有充分的理由，也應該暫時讓他，不和他辯論，不得已時，或出外暫避風頭，等到對方的怒氣消除以後，再和顏地告訴他，剛才的退讓並不是理屈示弱，實在因為要避免家庭失和啊。

三、夫妻如筷子

有一個比喻非常貼切，說夫妻要像筷子一樣的地位平等，長短相適。筷子長短大致相當，而且彼此相對獨立，夫妻亦然。

男女地位的平等，是維繫美滿家庭的根本要素。可是，有的人卻自恃自身條件優越，對對方盛氣凌人、頤指氣使，或暴躁潑悍、任性專橫……顯然，大男人主義、大女人主義和尊卑、主從、貴賤的夫妻關係，都難有幸福婚姻可言。

夫妻要像筷子一樣互幫互助，目標一致。筷子只有配合默契，才會有所「收穫」。和諧的夫妻感情貴在志同道合，比翼雙飛。因此，情感上的體諒，生活裡的體諒，挫折前的互慰，事業中的互勉等等，在夫妻之間應該是不可缺少的。只有難關共度，攜手共進，才會使愛的感覺不斷升高。

夫妻要像筷子一樣冷熱不辭，甘苦與共。筷子不懼高溫寒冷，能納酸甜苦辣。和諧的夫妻關係也應該如此。

夫妻要像筷子一樣方圓相間，靈機應變。這是因為筷子上方下圓，而使我們的手法能靈巧自如，變化萬千。

夫妻相處，同樣需要這樣的「方圓」藝術；既堅持原則，同時又樂於欣賞和讚美對方，對對方的缺點不苛求；善於相互適應，不試圖去改造對方，而要改善自己。

四、化解家庭矛盾衝突有技巧

居家過日子，沒有「勺不碰著碗」的。出現家庭衝突後，如果不考慮言行、場合，甚至採取一些簡單、粗暴、過激的行為，不僅不利於矛盾的化解，反而會傷害夫妻感情、激化衝突。因此，化解家庭衝突也應講究技巧和藝術性。

一是「避」

解決家庭矛盾，不能傷害感情和對方的自尊心，既要避免動拳腳，又要力避使用「離婚」等極易傷害感情的言詞，同時還應注意場合，儘量避開他人。

二是「緩」

由於夫妻雙方都在氣頭上，假如這時急於解決，難免會有一場屋簷下的戰爭，這樣對雙方都會造成極大傷害。因此，最好的辦法是先忍一忍、緩一緩，將矛盾或問題暫時放置起來，等心平氣和後，再選擇適當的方式或機會解決。

三是「選」

選擇合適的時間、地點更有利於矛盾的解決，達到預期的目的和效果。如在融洽、和諧的氣氛中，雙方處於輕鬆的心境，容易做到寬容、讓步、理解和溝通。

四是「繞」

繞開正題，借助對方那些樂於談論的話題，適度加以引申、發揮、旁敲側擊，啟發誘導，含蓄而委婉地道出自己的觀點，表達自己的意圖。

五是「笑」

用風趣、幽默的語言和行為，消除對方的反抗心理和抵觸情緒，使之破涕為笑，在笑聲中融洽氣氛，營造寬鬆的心境，使矛盾自然而然地得到淡化、和解。

總而言之，夫妻間多一些包容，多一些忍讓，感情自然會升溫。丈夫在妻子心目中的形象，會重新回到熱戀中的偉大；妻子在丈夫的眼裡，也回到熱戀時那般溫柔、賢慧；幸福美滿的家庭也就自然而然地形成了。

27 失去以後才察覺，已是空悲切

我們只有懷著感恩的心，認真地孝順父母，才能得到心裡的真正平靜。

在一個家庭中，父母就像一個圓，子女就是圓中任意的內接多邊形。父母總能用自己寬廣的胸懷，包容子女的所有稜角；子女也需顧及父母的情感，不能刻意去破壞美滿的家庭氛圍。因此，創造融洽和睦的親子關係，與夫妻關係、婆媳關係一樣，也是一個家庭美滿幸福的重要環節之一。

在《雜寶藏經》卷二中有一個關於「棄老國」的故事，我們應該可以從中領悟幾分道理。

從前，有一個國家，叫波羅奈國。由於接連兩三年天公不作美，整個國家元氣大傷，到處鬧饑荒，老百姓家中一貧如洗，沒吃沒喝，度日如年。

有一家人，只有一個兒子，但孫子卻很多。兒子看到他的幾個孩子每天只能吃一點點野菜和大米，一個個餓腸轆轆，骨瘦如柴，心裡非常難過。於是，他為了讓自己的孩子吃得好一點，度過饑荒，便狠下心來，把曾經生養過自己，現在已經年邁不能幹活的父母給活埋掉了。這樣一來，家裡少了兩個吃閒飯的，也就減輕了家中的負擔。

過了幾天，鄰居看不見每天都出來曬太陽的老先生和老太太，感到十分奇怪，於是就問這家的兒子：「老先生和老太太已經好幾天不見了，他們上什麼地方去啦？」

這個兒子回答：「唉！我父母的年紀大了，死亡早晚會降臨到他們的頭上，所以我就把他們埋掉了，用他們的那份口糧來養活我的幾個孩子，好讓孩子長大。」

由於家家生活都很貧苦，聽他這麼一說，鄰居們也都覺著十分合理，於是也照這家的辦法，把各自的老人活埋掉了。

一傳十，十傳百，互相仿效，這種做法很快就在波羅奈國風行起來，並且成了一條正式法律。這樣一來，全國年邁無用的老人，有的很快就被家裡活埋掉了，暫時沒被活埋的，也是提心吊膽，不知什麼時候自己就會落個被活埋的下場。

有一位長者的兒子，認為這樣做實在太傷天害理、大逆不道，心想應該趕緊想個法子，把這條不合理的法律廢掉。為了逃避被活埋的命運，兒子偷偷地為長者修建了一間地下室，把父親藏在裡面，每天都供給他很好的飲食。

為了除掉那條可惡的法律，兒子絞盡了腦汁，可是卻想不出辦法。這時，在人間遊歷的天神經過這裡，聽見他自言自語的嘆息，為他的慈悲之心所感動，於是，天神拿出了一張紙，在紙上對國王提出了四個問題：

什麼是最寶貴的財物？

什麼是最大的快樂？

什麼最有味道？

什麼壽命最長？

寫完後，天神就把這張紙貼在了王宮門口，同時留言給國王說：「如果你能解答這些問題，天神就會為你保佑國土不受侵害，如果不能解答，七天以後，我就把你的腦袋打碎成七塊。」最後面的署名是「上天之神」。

第二天，王宮門口的衛兵發現了這張紙，慌慌張張地向國王報告。

國王看了紙上的問題，頓時呆若木雞，嚇得要死。他問身邊的大臣誰能回答這些問題，這些大臣一個個張口結舌，面面相覷，無法做答。國王見這些大臣誰都答不上來，趕緊張貼文告，並宣佈：「誰能解答這些問題，就滿足他提出的任何要求。」

長者的兒子揭下了文告，對這四個問題一一做了解答：

信義是最寶貴的財物。

學法是最大的快樂。

實話的味道最好。

智慧的壽命最長。

解答完了，就把答案和文告一起放到了王宮的門口。天神看了答案，見問題回答得非常圓滿，心中很是歡喜。國王看了，心中更加高興，於是親自召見了長者的兒子。

國王問道：「是誰教你這樣解答問題的，而且回答得這樣好？」

長者的兒子回答說：「是我父親教我的。」

國王又問：「你的父親現在在何處？」

長者的兒子回答說：「尊敬而慈悲的大王，請您不要懲罰我。我父親年紀大了，小民違反了國家的法律，沒有埋掉他，把他藏在了地下的密室裡。為什麼呢？請你聽我說。父母的恩情重於泰山。母親十月懷胎，痛苦分娩，哺乳餵養，循循教誨，歷盡了千辛萬苦，才使我們長大成人。我們所以能見到日月，能生長在人世，這都是父母之賜，都是父母的恩情啊！即使我們以左肩擔父，右肩擔母，擔著他們行走一百年，供養他們一百年，我們也報答不完父母的恩情呀！」

國王聽了長者兒子的一席話，受到了極大的感動，就問：「你說的話很有道理。你現在有什麼要求啊？」

長者的兒子回答說：「我沒有別的要求。為了能報答父母的養育之恩，我只希望大王能夠廢除這條活埋老人這條不合理的法律！」

國王聽了，既為長者兒子的道理所打動，又為他孝敬老人、拯救老人的胸懷所感動，於是果斷地向全國宣佈：「從今以後，再發現活埋老人和不孝敬父母的，就要被判處重刑。」

從此以後，這條不合理的法律就被廢除了。

可憐天下父母心！含辛茹苦把自己的孩子養育成人，到頭來卻被自己的孩子活埋地下，枉自送命！這的確是沒有天理道義的！但是，天良最終戰勝了罪惡，活埋老人的法律被廢除了！

故事結局總是圓滿的，現實生活中卻總是存在著一些不和諧的現象，從某種意義上說，這些現象遠比「活埋父母」要令人心寒的多。下面這位朋友的經歷就是最好的證明。

有一天下班之後，我準備一個人坐公車回家。天下著雪，天氣很冷，街上的行人都急匆匆地趕回家。一個背著蛇皮袋的中年婦女從一輛公車上下來，到了站牌下，走來走去，像要轉車的樣子。

公車來了一班又一班，街上的行人越來越少，中年婦女仍沒有坐車走，這個站牌下的公車除了我所要坐的那班車沒有來之外，其他車次的公車都過去了不止一班，我想，這位中年婦女一定是和我坐同一班車。

二十分鐘過去了，站牌下那塊地方的積雪被中年婦女踩得光溜溜的。

我所等的公車終於來了，我想等她上車之後我再上，但她沒有上車，讓我有點奇怪。最後一班公車緩緩地發動了，我也沒有坐，因為想看看她到底想坐什麼車。天有點兒黑了，中年婦女仍在不停地走來走去，神情還是那麼專注。

十多分鐘後，來了一個騎自行車的少婦。

少婦下了車子，問中年婦女：「媽，妳等多久了？」

中年婦女慈祥地笑著說：「剛到而已。」看來，這是母女倆。

中年婦女，不，母親絲毫沒有責備女兒的意思。

「路上碰見了一個朋友，聊了一會兒。我以為妳到了一會兒了，沒想到妳也剛到。」少婦說。

少婦沒有懷疑母親的話，她沒有看到母親頭上厚厚的積雪，也沒有看到站牌下被母親踏得滑溜溜的那一小塊地方，少婦沒有絲毫的愧疚。

我想提醒少婦，妳的母親在這樣寒冷的雪天裡，已經等了妳快一個小時了啊。

正在我思考之間，少婦又說：「天黑了，也沒有公車了。」

「沒關係，我們騎車回去。」母親仍舊是一臉的慈祥。

「妳看，路這麼滑，也沒辦法載著妳。」少婦的話像冷冰冰的風吹得我打了幾個寒噤。

「沒事，我在後面跟著。」

母女倆走了，女兒在前面騎著車，母親一路小跑地在後面跟著。

我蠻震撼的，震撼於母親的寬容，在寒冷的雪天裡等了女兒五十多分鐘。在母親看來，等女兒再長時間也是天大的應該。同時，我震撼於少婦的冷漠，公車是沒有了，但妳也可以叫個計程車，讓母親享受一下計程車裡空調的溫暖啊？即使說妳沒有帶錢、路滑、交通規則不允許而不能載著母親，難道妳不可以讓母親坐上自行車，妳推著她走？換個方式說，妳難道不可以推著自行車和母親一塊兒走回去嗎？

鋼筋水泥改變了城市，城市淡漠了人與人之間的感情，也淡漠了兒女和母親的感情，但母親對兒女的感情卻是亙古不變的，即使鋼筋水泥的城市變得多麼冷漠無情，母愛仍舊是寬容的。

一個人，無論世事如何變遷，只要父母還在，他就依然是個「寶」，永遠有人毫無條件地愛著他。我們不能等一切都失去以後才察覺，當察覺以後已是空悲切。我們只有懷著感恩的心，認真地孝順父母，才能得到心裡的真正平靜。

28 有善念相伴，你都會是一個好人

一個人愛自己原本沒有錯，我們都是凡人，然而無論「利己心」有多少，有善念相伴，你都會是一個好人。

在經典《百緣經》中記載著這樣一則故事：

往昔佛陀在世時，在迦毗羅衛城中有一個十分富有的長者，家有財寶無數。長者生有一個男孩，此男孩不但有著世間少有的端正容貌，而且身上和口中都散發出旃檀香，長者對兒子十分喜歡和愛戴，為兒子取名叫做「旃檀香」。

旃檀香長大後隨佛陀出家並修得正果。

有位比丘看到旃檀香如此不凡的生平，就去問佛陀：旃檀香往世曾有什麼福德，才使今世不但能生於富貴之家，渾身散發香味，而且還能出家修得正果。

佛陀莊重地回答：「早在前九十一世時，當地有一座葬有毗婆屍佛德的舍利塔。有一天有位長者來到佛塔，見佛塔破落，就和泥塗抹，又以旃檀香塗散在上面，併發了善願後才離去。正是緣於此功德，從那時至今已九十一世，他都未曾墮入惡道，無論投生在哪世哪家，身口皆散發香氣，受用大福。乃至今世，又值遇佛陀出家得道修得正果」。

世人講「善惡之報，如影隨形」，佛教講「自作自受」，只有心懷善念才是為人之道。行善少的人，要發慈悲心，行善積德而得佛菩薩慈悲加持；曾經做過惡的，要知道悔悟，現在從善還來得及，也能得到佛菩薩慈悲加持。

過去，西藏有一位高僧叫潘公傑，每天打坐，在面前放黑白兩堆小石子，來辨識善念惡念。善念出現時，他便拿一顆白石子放在一邊，惡念出現時，就取黑石子。潘公傑大師在黑白石子中辨別善惡二念，到晚上檢點，開始時黑石子多，他摑自己耳光，甚至痛苦、自責：「你在苦海裡輪迴，還不知悔過嗎？」三十多年後，他手下的石子全部變成了白的，大師終於修成了。

一個人把愛兼及他人與環境，包括植物、動物，佛法稱之為「慈」。如果目睹苦寒之中的貧兒老婦，心中生出一點點同情心，則是另一種大善。這種情懷，即所謂「悲」。慈悲兩字，聽起來有些蒼老，有人甚至會覺得它陳腐，實際上它穿越時代，是凝注蒼生的大境界。今天流行的「關懷」以及「溫馨」，也都是它的現代版解釋，內涵是一樣的。

有一個叫禪海的年輕人，在一次衝突中誤殺了一位高官，於是走上了四處流亡的道路。後來，他到遠方的一個寺院出了家，做了一名遊方僧人。為了補償自己的罪過，他下定決心要在有生之年完成一件善舉。

一次，禪海得知某處懸岩上面的道路非常危險，已斷送了不少人的性命。因此，他決心在下面挖一條隧道，取而代之。從此以後，他白天乞食，夜晚挖掘隧道，日日不輟。

就在禪海完成這條隧道的前兩年，那位高官的兒子已經成了一名劍道高手。他四處尋覓禪海，終於發現了他，要置他於死地。

禪海平靜地說：「我心甘情願把我的生命給你。但是，請讓我挖完這條隧道，等到完成的那天，你就可以殺了我。」

於是，這位高官的兒子就耐下性子來等待。

時間一天天過去，禪海仍在不斷地挖著。一晃幾個月，高官的兒子感到十分無聊，便開始幫禪海挖掘。等他幫了一年後，對禪海的堅強意志十分欽佩。

隧道終於挖成了，人們可以從裡面安全通過。禪海放下手中的工具，欣慰地長嘆一口氣說：「隧道完成了，我的心願已了，現在請你砍下我的頭吧。」

那位年輕的復仇者淚流滿面，動情地說道：「您是我的老師呀！我怎能下手砍下自己老師的頭呢？」

其實，每個人都有業障，行善積德可以消業障，消業障就是得福。「福」是從善行來的，行善是因，得福是果，業障沒除，福也不易得到。業障消了之後，善果就會顯現。因此，我們時時處處都不要忘記心懷善念才是為人之道，時時刻刻都不能忘記行善積德。

中國京劇表演藝術家梅蘭芳的父親梅竹芬，年輕時學拉胡琴，學成後經常在皇宮表演，積攢銀子五千多兩，此時家中催他返鄉完婚。於是，梅竹芬乘馬車返鄉，行至京南，見有很多茅棚，所住的都是難民。

梅竹芬一見，惻隱之心大起，心想：我有五千多兩，如果捨去三千兩，餘二千兩，也足夠完婚。隨即拿出三千兩，佈施災民。然而因災民太多，不夠分配，三千銀子佈施完了，仍有很多災民苦苦哀求。梅竹芬心中實在不忍，又將兩千銀全部取出，佈施災民。

多年血汗積蓄，一日全部散盡，但梅竹芬心中卻十分欣慰。但是，此次如何返家完婚呢？最後他還是拿定主意，決定幾年後再完婚，於是返回北京。

梅竹芬又工作了三年，方返家完婚。若干年後，天賜佳兒梅蘭芳，名震全球，富甲伶界。

佛陀告訴眾生，何者是善？何者是惡？修行在於自己，善惡還是要自己去選擇的，生命還是要自己去掌握的。善惡與名利有關聯，求名要有德，求利要有道。如果不走正道，即使謀求到了一定的位置，那也是不正當的位置，早晚會遇到危險。

歷史上的李斯和趙高，都是臭名昭著的名利之徒。李斯早年投到大儒家荀卿名下，學習帝王之術，與韓非子師出同門。李斯學成之後，西行入秦，投到呂不韋門下，逐漸得到呂不韋的賞識，之後又受到秦王的重用。

後來，李斯的同學韓非子很受秦王嬴政的賞識，嬴政留下他準備重用。當時任秦國丞相的李斯深知韓非子的才能高於自己，出於嫉妒，便向秦始皇進讒言誣陷韓非子。秦始皇聽信讒言，將韓非子投入監獄，李斯就趁機毒死了他。

秦始皇死後，趙高與李斯合謀篡改了秦始皇的遺詔，逼死太子扶蘇和大將蒙恬，立胡亥為帝王。從此，奸臣趙高當道，利用職權殺害了許多人，最後他竟然向李斯下了毒手。趙高唆使秦二世皇帝把握有最高權力的李斯下獄，予以嚴刑拷打，採取陰招逼迫李斯服罪受死。趙高讒害李斯與李斯讒害韓非子如出一轍，李斯也算是受到了「以其人之道還治其人之身」的報應。

李斯死後，秦二世皇帝拜趙高為中丞相，大小事務皆由趙高裁決。後來，趙高殺秦二世，想立秦二世哥哥的兒子子嬰為秦王。子嬰設計在宮中殺了趙高，並滅了趙高三族。

李斯陰謀害死了韓非子，趙高陰謀害死了李斯，子嬰又設計除掉了趙高。這就是善有善果、惡有惡報。李斯、趙高為了權力地位，施盡陰謀詭計，最終走上惡道，都不得善終。

佛家講「三世業報」：現報、生報、後報。所謂的善惡報應，有些是今生行善做惡今生得到報應，有些來生得到報應，還有些是次二三生報。如果心懷善念，力行善事，在今生沒有得到好的果報，來生必得。

我們必須記住，不可因為作惡沒有得到惡報而怙惡不改，也不可由於行善遭遇困境而放棄行善。一個人愛自己原本沒有錯，我們都是凡人，然而無論「利己心」有多少，有善念相伴，你都會是一個好人。

29 看得開，放得下

包容天下事，就是要看得很開，放得很下，凡事都很隨緣，不生計較。

人的生命流轉是無始無終的，人既然來到世間生活，就有生命，有生命就必然有生死。因為無常之故，自然有寒暑冷熱，人類有生老病死，山河大地及一切自然現象，都會有變壞的一天。

舊的滅去，新的又來。因此，「人生與萬有諸法互相為緣，互相生成，包者為大，容者為仁」，只有透悟了這個道理，人才能與佛法結合在一起，對於生死也就不覺得可怕，因為生死本來就像世俗的搬家一樣，只不過換了一個軀殼而已。讓我們從《六度集經》的一個故事中來領悟這一點吧。

在羅閱祇城有一個婆羅門，他看見有父子二人正在田中耕地、播種。

忽然，一條毒蛇爬到兒子的跟前將他咬死了，然而那父親不但不管兒子，反而接著幹活，連頭也不抬。這個婆羅門大覺驚奇，便上前詢問原因。

耕種者反問道：「你從何方來，來此為何目的？」

這個婆羅門回答說：「我從羅閱祇城來，聽說你們國家多孝養父母、信奉三寶，所以打算來求學修道。」

婆羅門又問道：「你兒子被毒蛇咬死，你為什麼不但不難過，反倒接著耕地播種？」

耕種者說：「人之生老病死及世間萬物皆為自然規律，憂愁啼哭能有什麼用呢？如果傷心的飯也不吃，覺也不睡，什麼也不幹，那不跟死人一樣，活著的意義就不大了！你要進城，路過我家時，請替我捎話給我家人，說兒子已死，不必準備他的飯菜了。」

婆羅門進入舍衛城，來到耕種者的家，見到那人的妻子，便說道：「妳的兒子已經死了，他的父親讓我捎話說，準備一個人的飯就行了。」

那婦人聽後，說：「人生即如住店，隨緣而來，隨緣而去，我這兒子也是一樣啊！生是赤條條來，去是赤條條去，任何人都不能違反這一規律。」

凡人看來，故事中的父母似乎有些不近人情，兒子死了都不在乎。然而，細細品味他們的話語，確實是有一番道理的。佛法的最終目的，就是教人了生脫死，用包容之心去看待世間一切。不過，佛陀除了教我們如何了生脫死以外，更是教我們如何去包容人，不生計較。

荀子說：「君子賢而能容罷，知而能容愚，博而能容淺，粹而能容雜，夫是之謂兼術。」表面上看來，明智和愚蠢，博大和淺薄，純粹和蕪雜，這些無疑都是截然相反而又相互對立的東西。但是，對於這些截然相反的東西卻不可以用截然相反的心態去對待。若不然，在現實社會中，不管是與人交往還是與人共事，都會陷入一種尷尬而且是負面影響的境地。聰明的人要做到寬容愚笨的人，博學的人要做到寬容淺薄的人，能做到精純的人要寬容雜駁的人。

韓信被封為齊王之後，回到自己的家鄉，找到了曾經讓他受跨下之辱的那個人。那人得知韓信已被封為齊王，嚇的跪在地上。但是沒過多久，韓信卻把他封為自己手下的督尉，對大家說：「這是一個壯士，當初他侮辱我，我殺不了他嗎？可是殺了他又有什麼用呢？我忍下來才有了今天，所以也不會殺他的。」

按照常理來說，韓信有權殺了那個人，而且韓信也並不是個不知恥辱的人，但他沒有，反而招為己用，可見韓信有一顆寬容的心，在那樣的時代是很不容易做到的。

可見，包容天下事，就是要看得很開，放得很下，凡事都很隨緣，不生計較。你包容別人，別人包容你；你幫助別人，別人幫助你，這是永遠不變的真理。

有位哲人說過：「如果我們能承認品質各有差異的客觀存在，便會對彼此的差異感到快樂。你有你的思考方式，我有我的思考方式，若是我們都能互相學習，彼此包容，便能一團和氣。」

的確，不管是從個人修養來說也好，還是與人交往共事，都能夠彼此包容，彼此體諒，那麼當然天下是一團和氣。但是要做到包容，就必須有一顆善於寬容的心，善於寬容的心從哪裡來，就必須要先修養身心。這就需要在與人交往之前，先做到自我修養，增強自身的包容性，必須以寬容大度的度量去權衡他人，只有能有寬容之心，才能在現實當中做到寬容，才能在現實當中與人和諧相處，也才得到他人尊敬和認同。

方孝儒說過這樣一段話：「貴為君子的人，就能相容並蓄，使才智能夠自現；愚昧不肖的人可以自全，所以天下沒有遺棄的怨恨。」君子之所以成為君子，是因為他們明白「包者為大，容者為仁」的道理，他們做到了自我修養，做到了對自我的寬容和對他人的包容，這是一般庸俗之人可望而不可及的。

30 隨緣自在，隨遇而安

我們生在人世間，必須得學會接受現實，雖然有時候現實很殘酷。我們要學會隨緣一世，這樣才能活得自在。

大自然賦予每個人以「天性」，這些「天性」中既有生、老、病、死等自然規律的共性，又有每個人特有的個性，比如脾氣、愛好、特長等。當然，這種天性還包括人類擁有自己的精神和意志，並且能用自己的精神和意志去思考和判斷問題。既然「天性」是大自然賦予我們的，那麼就一定會有我們主宰不了的地方，這就是人類自身認識的片面性、局限性以及我們能力的有限性。

從這個意義上說，只有遵從大自然的規律、定理做事情，一切隨緣自在、隨遇而安，順從了自然的本性，才會獲得成功。

春天來了，寺廟的院子裡還是一片蕭條，師父讓小和尚準備一些草籽。

小和尚問師父什麼時候撒種，師父回答說：「隨時。」

春天總是颳風，小和尚撒的草籽有一些被風吹走了，他慌了神，對師父說：「不好了！好多草籽被風吹走了。」

師父說：「那些被風吹走的草籽多半是空的。隨性。」

夜裡下了一場雨，第二天清晨，小和尚著急地對師父說：「師父！許多草籽被雨水沖走了。」

師父說：「沖到哪裡都會發芽的。隨緣。」

一個星期過去了，枯黃的草下面泛出了綠意，草籽長出了青翠的小苗。

小和尚高興地跑去告訴師父，師父說：「隨喜。」

「隨緣自在」也就是說，隨遇而安，隨心自在，才是生活。所以我們更應該向故事中的師父學習，依照事情的本性而動，自然會有不小的收穫。隨緣是一種健康的心態，也是一個意境，又是一種人生的態度，從更深的層次看，隨緣更是一種待人處事的思維方式。或者說，隨緣是一種隨著形勢發展而行事的觀念，也是一種與時俱進的表現，是一種美滿人生的樂觀心態。

有一次，趙州禪師和弟子文偃禪師打賭，看誰能說出最下賤的東西。

趙州禪師說：「我是一隻驢子。」

文偃禪師接著說：「我是驢子的屁股。」

趙州禪師又說：「我是屁股中的糞。」

文偃禪師不落後說：「我是糞裡的蛆。」

趙州禪師無法再比喻下去，反問說：「你在糞中做什麼？」

文偃禪師回答：「我在避暑乘涼啊！」

我們認為最污穢的東西，禪師卻能逍遙自在。由此看來，在這個世界上任何地方都有可能是空淨之地，只要我們的心靈具有「出污泥而不染」的功力。若能一切隨他去，便是世間自在人。明朝開國皇帝朱元璋就是這麼一個人。

人生哪能多如意 萬事只求半稱心

朱元璋小時候曾在皇覺寺當過沙彌。相傳有一次朱元璋外出，回寺時夜深門閉，只好在寺外席地而睡。他望著夜空滿天星斗，興之所至，吟了一首詩：「天為羅帳地為氈，日月星辰伴我眠。夜間不敢長伸足，恐怕踏破海底天。」

由此我們可以看出朱元璋的胸襟和氣魄，雖是席地而眠，大志者胸中有的是「十方法界在我心」的曠達；而一個心量狹小又不滿現實的人，即使住在摩天大樓裡，也會感到事事不稱意。我們生在人世間，必須得學會接受現實，雖然有時候現實很殘酷。我們要學會隨緣一世，這樣才能活得自在。

唐高宗時，大臣盧承慶專門負責對官員進行政績考核。被考核的人之中有一名糧草督運官，有一次在運糧途中突遇暴風，糧食幾乎全被吹走了。盧承慶便給這個運糧官「監運損糧考中下」的鑑定。

誰知這位運糧官神態怡然，一副無所謂的樣子，腳步輕盈地走出了官府。盧承慶看到以後認為這位運糧官很有雅量，馬上將他召回，隨後將評語改為「非力所能及考中中」。

可是，這位運糧官仍然不喜不愧，也不感恩致謝。這位運糧官真正是做到了「隨遇而安」。

正所謂「任你風吹雨打，我自巋然不動」，做人就要擁有一顆隨遇而安之心。許多人都有願望：有生之年，順順利利地度過每一天。可是，現實是殘酷無情的，它常會猝不及防地給我們一擊，讓我們不知所措。這就要求我們學會自我調節，學會適應環境，學會隨遇而安，化解一切不幸和痛苦。

人生變幻，世事難料。也許你苦心經營的事業會被突如其來的一場災難毀於一旦；也許你正精心安排著自己的前程，精心設計著未來美好藍圖，一場大病卻徹底重寫了你的人生；也許你本來就體質虛弱，你想實現壯志雄心，卻是力不從心；也許你激情滿懷，可惜理性不足，盲目行動，結果不僅慘敗，不經意間還浪費你十年青春……這一切都讓你徹底感覺人生的無奈。這個關鍵的時刻，你更需要有「隨遇而安」的心態。就像下面故事中的這位一樣。

一個旅行者在草原上被一隻野獸追趕。旅行者為了逃生，跳到一口沒有水的井中，但是，他看見井底有一條龍，張著血盆大口想吃他。這個不幸的人不敢爬出井口，否則會被狂怒的野獸吃掉；他也不敢跳入井底，不然就會被巨龍吞噬。他抓住井縫裡生長出來的野灌木枝條，死死不放。

但是，他的手越來越無力，他感到不久之後自己就會向危險投降了。他仍然死死地抓住灌木。忽然，兩隻老鼠繞著他抓住的灌木枝開始啃噬。灌木隨時都會斷裂，他隨時也會落入巨龍的口中。

旅行者目睹了這一切，深知必死無疑，而在他死死抓住灌木的時候，卻看見灌木的樹葉上掛著幾滴蜜汁，他便把舌頭伸過去舔舐，這或許是他最後的快樂。

試想一下，故事中的旅行者馬上就要死了，還敢去舔舐蜜汁，我們尚有眾多的選擇和後路，為什麼不能把事情往好處想，逐步地適應呢？

人之於世本來就是渺小脆弱的，可偏偏要不斷地自我膨脹，缺乏清醒的自我定位，這往往是造就太多遺憾的根源，於是挫敗在所難免。面對失敗挫折我們得學會隨遇而安，隨遇而安是對挫敗者的一劑良藥，是人生的另一種坦蕩，是一種成熟的胸懷。

做人要先擴大自己的心胸，那麼對於生活的點滴小事，不論衣食住行、待人接物、休閒獨處，每一個時間，每一個地方，都會感到稱心滿意，生活愉快。慈航法師曾說：「只要自覺心安，東西南北都好。」但凡如此，宇宙之間，又有何處不是極樂世界呢？

31 多元而不一元

面對同樣一幅畫，如果你用挑剔的眼光看，那麼這幅畫就是滿身缺點與漏洞；如果換作欣賞的眼光去觀賞，那麼這幅畫便處處都是優點了。

世界是多元的，社會是複雜的，五個手指伸出來都有長短之分，倘若人沒有了差異那麼就成機器人了。多元化的差異是永恆存在、無法消除的，也正是因為這些多元化的差異，才有了我們眼前這個豐富多彩、五彩繽紛的世界。《佛說義足經》之《鏡面王經》中的一個故事。

在很久以前，有一個極富智慧的國王，名叫「鏡面」。在他的國度裡，只有他一個人信奉佛法的真理，臣民們則信仰那些旁門左道。因此，鏡面國王常常感到十分苦悶，他想：「我總得想出一個辦法來教育他們一下，使他們改邪歸正才是。」

有一天，國王召集他的臣子說：「你們去把國內所有生下來就是瞎子的人找到宮裡來吧！」隔了幾天，臣子們便帶著尋找到的盲人回來了。

鏡面國王很高興地說：「好極了，你們再去牽一頭大象，送到盲人那邊去吧！」許多臣民聽說了這個消息都感到十分奇怪，不知道國王今天要做什麼。因此，大家都爭先恐後地趕來觀看。

鏡面國王在心裡暗暗地歡喜：「今天應該是教育他們的機會了。」於是他便叫那些盲人去摸大象的身體：有摸象腳的，有摸象尾的，有摸象頭的……之後，國王問他們：「你們看見大象了沒有？」

盲人們爭著回答：「我們都看見了！」

國王又問：「那麼，你們看見的象是怎樣的呢？」

摸象腳的盲人說：「王啊！大象好像漆桶一樣。」

摸象尾的說：「不，牠像掃帚！」

摸象腹的說：「像鼓呀！」

摸象背的說：「你們都錯了！牠像一個高高的茶几才對！」

摸象耳的盲人爭著說：「像扇子。」

摸象頭的說：「誰說像扇子？牠明明像一只簍子呀！」

摸象牙的盲人說：「王啊！大象實在和角一樣，尖尖的。」

由於他們生來都從沒有看見過大象是什麼樣的，難怪他們所摸到的、所想到的都錯了。但他們還是各執一詞，固執己見，在鏡面國王面前爭論不休。

鏡面王哈哈大笑地說：「盲人呀盲人！你們又何必爭論是非呢？你們都只不過看到了一點，就認為自己是對的嗎？唉！你們都沒有看見過大象的全身，卻自以為看到了大象的全貌，就好比沒有聽說過佛法的人，自以為獲得了真理一樣。」

接著，國王又問那些來觀看的人說：「臣民們啊！你們去相信那些瑣碎淺薄的邪論，而不去研究切實、整體的佛法真理，這和那些盲人摸象有什麼兩樣呢？」從此以後，全國臣民改邪歸正，都虔誠地信奉佛教了。

這就是世界多元化的表現，七個盲人摸出了七種大象的樣子。但是，盲人們只相信自己的親身感覺與經驗，無法去接受或者相信別人的感覺與觀點，殊不知，當所有的盲人把大象的每一部分組合起來的時候，就發現了一隻大象的整體，也就是全面的東西。由此可見，這群盲人所缺少的不只是光明，還有對於這個大千世界多元化和差異性的不承認，或者說是對於別人觀點和感覺的一種包容心態。

和諧社會的建設固然取決於全社會對多元和差異的包容，當這種包容具體到我們每一個人時，又該怎樣實現呢？承認差異並不難，可當面對差異時，要正視它卻不容易。因此，在面對事情的時候我們要認識「包容」的重要性，懷著一顆寬容的心去為人處世，絕對不能犯偏執和狹窄的錯誤。

有人問某人：「你對最近公佈的這個法律草案有什麼看法呢？」

此人回答說：「我的朋友中有的贊成，有的反對。」

那人追問道：「那麼，你的看法是什麼？」

「我贊成我朋友的看法。」

乍看起來，此人似乎什麼也沒說，但實際上這就是心靈開放的一種表現，也是一種重要的思維策略，即承認和容納相互對立的觀點。我們能否更好地與人相處，並從這種相處中獲得更多的好處，就必須具有這種開放性，包容人們不同的觀點，包容所需要的正是一種多元化的思維。

某電臺請來了一位商界奇才做嘉賓主持，大家非常希望他能談談成功之道，但他只是淡淡一笑，說：「我出一道題目考你們吧。某地發現了一處金礦，人們一窩蜂地跑去開採。然而，一條大河擋住了必經之道，如果是你，你會怎麼辦？」

「繞道走，但就是會花點時間。」有人說。

「乾脆游過去。」也有人這樣說。

但是他卻含笑不語，等人們議論聲過後，他開口道：「為什麼非得去淘金？為什麼不去買條船經營運輸呢？」

全場愕然。

他接著說：「在那樣的情況下，你就算運費提高一些，他們也會心甘情願付的，因為前面有金礦啊！」

這就是一種多元化的思維，之所以說包容是多元思維，就是因為眼界不寬，假如你不能包容那條河的存在，或者對這條河「恨之入骨」。為什麼它會阻擋你的發財之路呢？有這種想法的人是絕對不會想到買一條船經營運輸的。有時候，困境在智者眼中往往意味著一個潛在的機遇，只是我們不曾想起，只是我們的思維總是陷入偏執和狹窄之中去了。

有一人家中失竊，損失慘重。朋友們寫信安慰他。

他回信說：「親愛的朋友，謝謝你的安慰，我現在一切都好，也依然快樂。感謝上帝，因為：第一，竊賊偷去的只是我的東西，而沒有傷害我的生命；第二，他們只偷去我一部分東西，而不是全部；第三，最值得慶幸的是，做賊的是他，而不是我。」

這種多元化的思維不僅是一種豁達的生活態度，更是一種超脫的生活智慧。人生就是這樣，有許多事，僅僅換了一個角度去分析，你就能看到希望，收穫快樂。

一位畫家畫了一幅頗為得意的畫以後，拿到畫廊去展覽。為了提高自己的繪畫水準，畫家在旁邊放了一支筆並附上他的要求：觀賞者如果認為此畫有欠佳之處，均可以在畫上作記號。

晚上，畫家取回了這幅畫，發現整個畫面都塗滿了記號，幾乎沒有一處不被指責。畫家決定換個方式試試看。他又畫了一張同樣的畫拿到畫廊去，不過這次要求與上次不同，他要求每位觀賞者將他們認為最欣賞的妙筆都標上記號。

結果，原先被指責的地方，現在都換上了讚美的標記。

面對同樣一幅畫，為什麼在評判上會有如此大差異？如果你用挑剔的眼光看，那麼這幅畫就是滿身缺點與漏洞；如果換作用欣賞的眼光去觀賞，那麼這幅畫便處處都是優點了。

其實，世界依舊，所不同的只是我們看待它的角度。

人生哪能多如意，萬事只求半稱心

編　　著　謝育琳
出 版 者　大拓文化事業有限公司
執行編輯　林秀如
封面設計　林鈺恆
內文排版　姚恩涵

總 經 銷　永續圖書有限公司
劃撥帳號　18669219
地　　址　22103 新北市汐止區大同路三段一九十四號九樓之一
TEL　(〇二)八六四七—三六六三
FAX　(〇二)八六四七—三六六〇
E-mail　yungjiuh@ms45.hinet.net
網　址　www.foreverbooks.com.tw

CVS代理　美璟文化有限公司
TEL　(〇二)二七二三—九九六八
FAX　(〇二)二七二三—九六六八

法律顧問　方圓法律事務所　涂成樞律師

出 版 日◇二〇一九年三月

國家圖書館出版品預行編目資料

人生哪能多如意,萬事只求半稱心 / 謝育琳編著.
-- 初版. -- 新北市 : 大拓文化, 民108.03
面；　公分. -- (聰明心 ; 7)
ISBN 978-986-411-090-2(平裝)
1.人生哲學 2.通俗作品
191.9　　107023516

謝謝您購買 人生哪能多如意，萬事只求半稱心 這本書！

即日起，詳細填寫本卡各欄，對折免貼郵票寄回，我們每月將抽出一百名回函讀者寄出精美禮物，並享有生日當月購書優惠！

想知道更多更即時的消息，歡迎加入“永續圖書粉絲團”

您也可以利用以下傳真或是掃描圖檔寄回本公司信箱，謝謝。

傳真電話：（02）8647-3660 信箱：yungjiuh@ms45.hinet.net

☺ 姓名： □男 □女 □單身 □已婚

☺ 生日： □非會員 □已是會員

☺ E-Mail： 電話：（ ）

☺ 地址：

☺ 學歷：□高中及以下 □專科或大學 □研究所以上 □其他

☺ 職業：□學生 □資訊 □製造 □行銷 □服務 □金融

□傳播 □公教 □軍警 □自由 □家管 □其他

☺ 您購買此書的原因：□書名 □作者 □內容 □封面 □其他

☺ 您購買此書地點： 金額：

☺ 建議改進：□內容 □封面 □版面設計 □其他

您的建議：

剪下後傳真、掃描或寄回至「22103新北市汐止區大同路三段194號9樓之1大拓文化收」

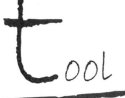